编委会

编委会主任：傅 云

编委会副主任：黎隆武　肖永阳

编委成员：凌　卫　吴　涤　汪维国　周建森

　　　　　张宏涛　冷　青　张德意　游道勤

　　　　　刘　芳　谢宏维　梁　菁　方　姝

# 江西文化符号精粹

JIANGXI WENHUA
FUHAO JINGCUI

《江西文化符号精粹》编委会 编

江西美术出版社
全国百佳图书出版单位

出版前言

江西"物华天宝""人杰地灵""雄州雾列,俊采星驰",是人文渊薮之地、文章节义之邦。

在历史的眷顾中,文明与智慧在这片古老而富饶的土地上激荡、交融、沉淀、升华,孕育了兼容并蓄、海纳百川、特质多元的江西文化,涌现出辉映史册的杰出人物,积淀了弥足珍贵的人文资源。在整个中华民族的文明史上,江西文化浓墨重彩、影响深远。宋明时期,全盛的江西文化更是成为中华民族文化的结晶和代表。新民主主义革命时期,江西是全国苏维埃运动的中心区域,成为中国革命胜利前进的伟大基地,红色文化璀璨辉煌。这些具有独特魅力的江西文化散发出馥郁的芬芳,蕴含着温润的力量,氤氲在历史的光阴中,汇聚在时代的大潮中,滋润着广袤的赣鄱大地,滋养着广大的江西儿女。

"文化兴则国运兴,文化强则民族强。"中共江西省委宣传部深入挖掘丰富的地域文化资源,组织编撰《江西文化符号丛书》(第一辑、第二辑),将江西符号与江西形象、文化自信和文化思考，一起熔冶进书中，通过底蕴深厚的文字与精美个性的画面，向全世界讲好江西故事。丛书自出版以来，得到社会各界的广泛关注和广大读者的肯定好评。

为全面贯彻党的二十大精神，深入学习贯彻习近平文化思想，贯彻落实习近平总书记考察江西重要讲话精神，进一步做好"江西文化符号"对外推广工作，提升赣鄱文化品牌传播力、影响力，我们在丛书基础上，策划《江西文化符号精粹》，打造一本向海内外读者整体介绍江西文化基本面的外宣书，为推动中华文化更好走向世界贡献江西力量。此书将江西24种文化符号的精髓汇聚在一本书中，图文并茂，体现小而精、雅俗共赏、形式新颖的特点，并附上《江西文化符号丛书》（第一辑、第二辑）电子书、有声书二维码，以便读者延伸阅读。《江西文化符号精粹》涵盖了红色文化、山水文化、陶瓷文化、书院文化、戏曲文化、农耕文化、商业文化、中医药文化、青铜文化、古村文化、科举文化、理学文化、佛禅文化、道教文化、书画文化、赣菜文化、茶文化、客家文化、豫章文化、浔阳文化、袁州文化、饶信文化、庐陵文化、临川文化。这些都是在江西历史上经过时间检验，已经形成广泛影响，并在较大范围内获得公认的文化成就和文化现象。它们是一道光、一条路，引导人们向光而行，奋力谱写中国式现代化江西篇章。

  本书的出版得到了有关方面的鼎力支持和帮助。中共江西省委常委、省委组织部部长、宣传部部长庄兆林同志对此书的编撰出版高度重视、亲自审定。在图书配图方面，江西省各设区市委宣传部以及江西画报社提供了有力支持。在出版过程中，《江西文化符号丛书》第一辑作者俞银先、王治川、郑云云、胡青、龚国光、施由明、谢宏维、蒋力生、罗伽禄、曾绯龙、陈立立、龚文瑞等，第二辑作者叶青、曹国庆、吴长庚、周广明、邹锦良、李梦星、赖欧功、余悦、聂冷、吴国富等专家学者大力支持，对书稿内容逐一审读，严格把关，确保学术权威性和知识准确性。

  同时，中共江西省委党史研究室、江西省民族宗教事务局、江西省文学艺术界联合会、江西省社会科学院、江西画报社等单位以及南昌大学、江西师范大学等高校的专家学者对书稿进行审读，并提供了学术上的指导。

另外，在本书撰稿过程中，江西师范大学历史文化与旅游学院谢宏维教授在书稿编写、统稿等方面鼎力相助，为本书的顺利出版付出了许多努力和巨大心力。

在此，我们谨向所有支持、帮助过本书出版的领导、专家、学者致以衷心的感谢！

限于时间，在编撰出版过程中，难免存在缺憾和不足，敬请广大读者批评指正！

本书编委会
2024 年 2 月

目 录

红色文化 /001
一、政治主舞台　004
二、军事主战场　007
三、革命大本营　009
四、治国试验田　011
五、精神孕育地　013

山水文化 /017
一、风景独好　020
二、赣江鄱湖　022
三、名山胜景　025
四、山水之间　030

陶瓷文化 /033
一、先民手作　036
二、江西名窑　038
三、景德古镇　040
四、官窑民窑　044
五、瓷行天下　046

书院文化 /049
一、书院之首　052
二、书院寻踪　053
三、书院繁荣　055
四、书院新风　060

戏曲文化 /063
一、弋阳新腔　066
二、赣戏采茶　067
三、宗师传奇　070
四、古老戏台　072
五、新声远扬　074

农耕文化 /079
一、稻作起源　082
二、耕作技巧　083
三、物产丰饶　085
四、科学种植　087
五、农业新篇　088

商业文化 /093
一、江右商帮　096
二、商道通畅　097
三、商业繁盛　099
四、四大名镇　101
五、赣商新貌　104

中医药文化 /107
一、杏林概览　110
二、医苑奇葩　112
三、流派峥嵘　113
四、药都樟树　116
五、养生智慧　118

青铜文化 /121
一、文明追寻　124
二、青铜之光　127
三、藏礼于器　130
四、技艺精湛　131

古村文化 /135
一、古村胜境　138
二、古村文脉　140
三、乡风民俗　143
四、古村遗迹　146

科举文化 /151
一、科考千年　154
二、科第世家　157
三、鼎甲耀世　159
四、科举兴盛　161
五、英名流芳　162

理学文化 /165
一、理学萌生　168
二、理学发展　170
三、心学伊始　174
四、心学沿革　175

佛禅文化 /179
一、净土莲社　182
二、净土承传　183
三、一脉二支　185
四、五家七宗　186

道教文化 /191
一、道教起源　194
二、道门流派　196
三、文化建构　199
四、道通古今　203

书画文化 /207
一、开宗立派　210
二、千载翰墨　213
三、名迹遍布　215
四、名家辈出　217

赣菜文化 /225
一、赣菜源流　228
二、赣菜流派　230
三、赣菜风味　234
四、饮食民俗　236
五、文人赣菜　237

茶文化 /241
一、茶史留芳　244
二、茶事兴盛　247
三、茶俗多样　250
四、民间茶道　251
五、茶叶文艺　254

客家文化 /257
一、客地为家　260
二、耕读传家　261
三、围屋民俗　265
四、客家名人　268
五、薪火相传　270

豫章文化 /273
　　一、江西首府　　276
　　二、名胜古迹　　278
　　三、俊采星驰　　280
　　四、豫章民俗　　282

浔阳文化 /285
　　一、襟江带湖　　288
　　二、名士风流　　290
　　三、庐山画卷　　293
　　四、世情风物　　295

袁州文化 /299
　　一、先秦文明　　302
　　二、物产商贸　　304
　　三、村落风貌　　306
　　四、名人隐士　　307
　　五、戏曲傩舞　　309

饶信文化 /313
　　一、信美之州　　316
　　二、古建气韵　　319
　　三、理学重地　　321
　　四、诗文兴盛　　322

庐陵文化 /325
　　一、江南望郡　　328
　　二、崇文重教　　329
　　三、文章节义　　330
　　四、民俗风情　　333
　　五、文脉传承　　334

临川文化 /337
　　一、科甲教育　　340
　　二、思想之光　　341
　　三、才子之乡　　343
　　四、医药相济　　345
　　五、古村民俗　　346

红色文化
HONGSE WENHUA

江西是一片充满红色记忆的红土地,承载了中国革命的艰辛与辉煌,承载了中国共产党人的初心与使命。工运奇迹在这里书写,人民军队在这里创建,革命道路在这里开辟,人民共和国从这里走来,伟大长征从这里出发。中国共产党人用信仰、鲜血和生命写就的"江西红",汇聚成人民共和国永不淡化的底色,凝铸成中国华彩乐章中鲜明的红色符号代表。

20世纪二三十年代,风雨如晦,历史的洪流把江西推向了潮头浪尖。以毛泽东为代表的无产阶级革命家齐聚江西,创建了红军和红色政权,掀起了土地革命风暴,开创了苏维埃运动新局面,推动了社会新发展,引领了文化新进步。他们用激情燃烧理想,用鲜血书写奋斗,用生命传递信仰,树起了红色丰碑,留下了红色经典,铸就了红色基因。星星之火,可以燎原。作为中国土地革命的中心区域和指挥中枢,江西成了中国共产党土地革命战争时期的政治主舞台、军事主战场、革命大本营、治国试验田、精神孕育地。中国共产党人的红色基因,典藏了历史,穿越了时空,深深融入血脉,今天依然激荡着人心,迸发出强大的精神伟力,鼓舞一代又一代江西儿女沿着中国特色社会主义伟大道路奋勇前进,奋力谱写中国式现代化江西篇章!

井冈山旗帜雕塑

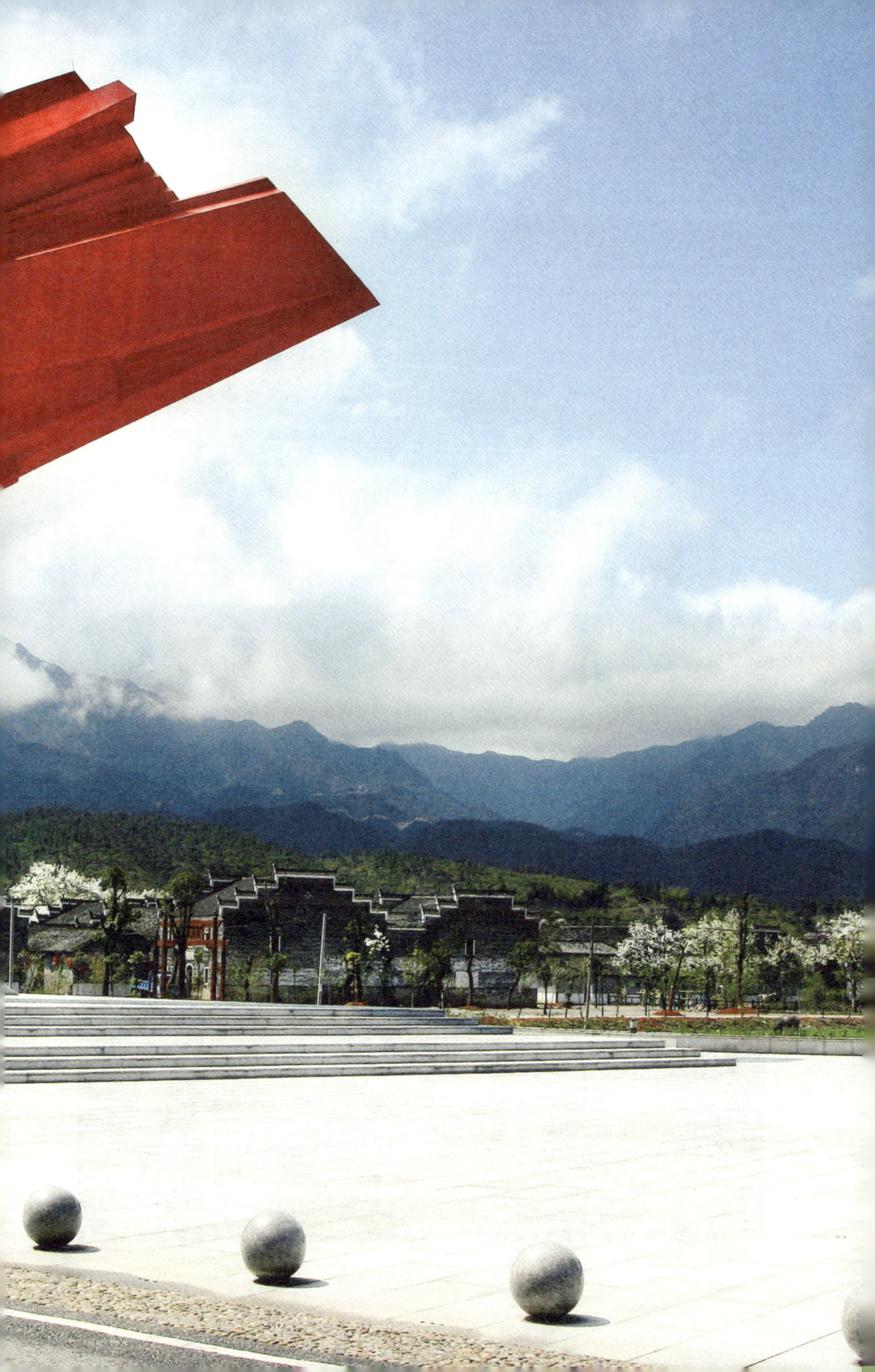

一、政治主舞台

中国共产党的诞生是开天辟地的大事变。在江西这片红土地上，中国共产党书写了诸多革命之先的处女作。

1922年9月，在毛泽东、刘少奇、李立三等老一辈无产阶级革命家的领导下，萍乡安源路矿工人大罢工取得了完全胜利，创造了成功的典范，推动了全省乃至全国工人运动的发展。大罢工"未伤一人，未败一事"，"得到完全胜利"，这是中国共产党第一次独立领导工人运动"绝无而仅有"的成功范例。安源路矿工人大罢工胜利后，安源工人遵照党和毛泽东的指示，执行"弯弓待发"的政策，继续领导并推动工人运动发展。这场运动，无论是时间、范围还是影响，在中国工运史上都是空前的。时间，不是罢工前的几个月，爆发中的几天，而是持续高涨最终汇入近十年土地革命的洪流；范围，不是限定在安源矿区，而是横

安源路矿工人俱乐部旧址

跨湘赣两省广大城镇乡村地区，并涉及党团组织建设、经济建设、武装斗争等诸多方面；影响，更是重大而又深远，不仅树立了一面工运旗帜，造就了一批工运领袖，锻造了一支工人成分的革命队伍，而且在形成工农联盟、开展工农武装割据、紧密工人阶级同知识分子结合等方面开了先河，成为马克思主义同中国工人运动相结合的一座历史丰碑。江西是党领导的中国工人运动的摇篮，是中国工运事业初期发展地、重要的转型地。

1927年国共两党合作破裂，一场轰轰烈烈的大革命陡然逆转为一场血雨腥风的大屠杀，年幼的中国共产党面临危险，命悬一线。1927年8月1日凌晨，南昌城头一声枪响，用革命的武装反抗武装的反革命，拉开了"枪杆子里面出政权"的大幕，开启了党独立领导中国革命、创建人民军队的新纪元。习近平总书记指出："党对军队绝对领导的根本原则和制度，发端于南昌起义，奠基于三湾改编，定型于古田会议，是人民军队完全区别于一切旧军队的政治特质和根本优势。"正是在江西这片红土地上，中国共产党领导的南昌起义打响了武装反抗国民党反动派的第一枪，秋收起义举起了工农革命武装的第一面军旗。

1927年10月，毛泽东率领秋收起义部队来到井冈山，开创了井冈山革命根据地，点燃了"工农武装割据"的星星之火，开辟出一条农村包围城市、武装夺取政权的中国特色革命道路，为中国革命开辟了崭新局面。中国革命从此星火

瑞金中华苏维埃共和国临时中央政府大礼堂旧址

燎原，并最终染红中华大地。井冈山斗争的革命实践证明，山沟沟里也能出马克思主义，那就是中国化的马克思主义，就是探索中国革命的新道路。在血与火的斗争中，在中国革命的伟大征程中，以毛泽东为代表的中国共产党人矗立起一座不朽的历史丰碑。井冈山成了中国革命的摇篮。

中华苏维埃共和国是1931年11月中国共产党在江西瑞金领导创建的中国历史上第一个国家形态的工农民主专政政权。在这里，中国共产党建立了较为完备的各项制度，践行着执政为民的理念，推进着经济社会文化的发展，锻造着治国安邦的栋梁之材，预演了治国理政的文韬武略。人们常说"人民共和国从这里走来"，瑞金由此有了"共和国摇篮""红色故都"的美誉。1933年，党中央由上海迁入瑞金，标志着江西成为指导中国革命的中枢地。在这一时期，以毛泽东为代表的杰出中国共产党人立足实际，不断推动马克思主义中国化进程，逐步形成了实事求是、群众路线、独立自主等思想。江西成为毛泽东思想的早期孕育地。

二、军事主战场

土地革命战争时期，江西这块红色圣土可谓军旗招展、战鼓声隆。人民军队在这里创建，军旗在这里升起，中国共产党领导的武装反抗国民党统治的土地革命在这里开篇。武装革命的烈火一经点燃，便呈燎原之势！

井冈山、湘赣、湘鄂赣、闽浙赣和中央革命根据地的创建，使赣鄱大地红成一片，红色区域面积占江西全省总面积的78.1%。红色既是革命的荣耀，也是血的代价。革命根据地成为国民党军重点进攻区域，军事斗争异常激烈。土地革命战争十年，国民党军对各革命根据地连续发动军事进攻，"进剿""会剿""围剿"接连不断，仅对中央革命根据地就累计投入兵力达150余万。

1934年10月，中央红军开始了震惊世界的长征。这一惊天动地的革命壮举，是中国共产党和红军谱写的壮丽史诗，是中华民族伟大复兴历史进程中的巍峨丰碑。

以长征为标志，中国共产党从这里重新奋起。长征的胜利，掀开了中国革命历史的新篇章，实现了中国革命从挫折走向胜利的伟大转折。

长征是一部伟大史诗，江西人民写下了极其光辉的一页。为配合中央红军的战略转移，江西人民以"倾家荡产也要支援红军"的无私奉献精神，从人力、物力、财力等各方面给予红军巨大支援并付出巨大牺牲。在不到半年的时间里，中央苏区共扩红军8万余人，其成员绝大部分来自江西；江西人民响应号召，节衣缩食，积极参加筹款工作，踊跃认购战争公债，为红军筹款几百万元，筹集稻谷84万担（1担=50千克），筹集被毯2万多床、棉花8万余斤、草鞋20万双，等等。

中央红军战略转移后，在苏区军民的浴血坚持下，开展了艰苦卓绝的南方三年游击战争。一时间，江西成为"弹痕遍地"的军事主战场。

以毛泽东为代表的中国共产党人深刻认识到"中国革命的主要方法，中国革命的主要形式，不能是和平的，而必须是武装的"，明确提出了"政权是由枪杆子中取得的"。土地革命战争十年，是中国共产党领导武装革命反对武装的反革命的十年，是中国工农红军不断发展壮大的十年。十年鏖战，锻造了一支坚强的新型人民军队，成为护卫党的事业发展的"钢铁长城"。

南昌八一起义纪念馆

三、革命大本营

土地革命战争时期,在追求民族独立与人民解放的革命大潮中,一批又一批优秀中国共产党人从四面八方汇聚到江西,点燃革命星火,践行革命理念,探索革命道路,锤炼治党、治国和治军本领。在那个英雄辈出的年代,中国革命的重要人物、主要活动、重大事件,尤其是重要军事斗争几乎都在江西。历经砥砺,一批杰出的革命者在斗争中淬火成金,成为中华人民共和国的开国元勋、治国安邦的栋梁之材。党的第一、第二代领导集体的主要成员毛泽东、周恩来、刘少奇、朱德、任弼时、陈云、邓小平、叶剑英、胡耀邦、杨尚昆等,都在这里得到历练,走向成熟。中华人民共和国成立后担任从国家主席到省部级职务的党政军领导干部，有140多人当年在江西革命根据地工作和生活过；60%左右的开国将领都曾在江西这块红土地上历练成长，其中包括共和国"十大元帅"中的9位（朱德、彭德怀、刘伯承、贺龙、陈毅、罗荣桓、聂荣臻、叶剑英、林彪），"十大将"中的8位（粟裕、陈赓、黄克诚、谭政、萧劲光、张云逸、罗瑞卿、许光达）。

十年土地革命战争时期，在众多革命先驱云集江西的同时，江西本土亦涌现出一大批著名的革命家、军事家，诸如创建赣东北革命根据地的方志敏、邵式平、黄道等，东固革命根据地创建人李文林等，以及曾山、陈正人等一大批省级以上党政领导干部和红军将领。土地革命遍地烽火映照下的江西，将星璀璨，325位开国将军诞生于此；赣南贡献了134位，包括全省仅有的3位开国上将：萧华、陈奇涵和赖传珠。他们推陈出新、勇于探索，为缔造"可爱的中国""光明的新江西"而信念如铁，勇往直前，创下辉煌功绩，成就不朽功勋。

领袖指点江山，激扬文字，唤起工农千百万，开创了中国革命的崭新局面。在党的领导下，广大赣鄱儿女倾其所有参军、参战、踊跃支援前线，甘洒热血敢牺牲，写下了一首首动人的壮丽诗篇，为中国革命的胜利做出了巨大的牺牲和贡献。全省有

方志敏

陈正人

名有姓的烈士达 25.3 万人，占全国革命烈士总数的六分之一，其中土地革命战争时期即有 23 万多人。还有更多的是无名英雄，是数以万计的人民群众。江西成为一片充满红色记忆的红土地。

四、治国试验田

1931 年 11 月 7 日至 20 日，中华苏维埃第一次全国代表大会在江西瑞金成功召开，宣布成立中华苏维埃共和国，开启了中国共产党领导人民进行治国理政的伟大预演，是党领导开展土地革命中最具标志性意义的事件。中华苏维埃共和国统辖全国苏区，总面积 40 余万平方千米，总人口约 3000 万。中华苏维埃共和国建立了世界上最精干高效的中央政府，仅仅依靠设立的"九部一局"就实现了对苏区各项建设的全面领导，施展了治国理政的文韬武略。瑞金成为全国苏维埃运动的心脏。

这个新生的红色共和国，实行了工农兵代表会议制度，广泛发动群众参加选举，行使民主权利。中国历史上头一次真正实现人民当家作主。苏维埃选举运动的开展，使广大人民越来越认识到红色政权与自己的生活紧密相关，对苏维埃政府更加支持和拥护，促进了苏区的政权建设。当地百姓积极扩红支前，拥军优属，支援革命战争。广大苏区人民积极响应号召，互相竞赛、互相激励，踊跃参加红军，涌现出了瑞金、兴国等扩红模范县。轰轰烈烈的"分田分地"运动和大规模的经济建设改善了群众的生活。农民分得了土地，取得了地权，废除了封建剥削、苛捐杂税，生活有了根本好转，参加劳动生产的积极性大为提高，推动了苏

瑞金中华苏维埃第一次全国工农兵代表大会会场旧址

区农业生产的发展。经过土地制度的改革，苏区内的社会结构和阶级关系都发生了根本变化，真正出现了一场社会大变动。广大贫苦农民分得了梦寐以求的土地后，热烈地拥护共产党和工农红军，积极完粮纳税、购买公债、参军参战，为后来四次反"围剿"战争的胜利奠定了基础。

中国历史上头一次提出并实行免费义务教育就发生在苏区。苏区文化教育事业的开展，极大地增强了群众的阶级意识和斗争觉悟，提高了群众参加革命斗争和生产建设的能力和水平。

苏维埃政府严惩贪污腐败，建立健全各种规章制度，保证了党的事业的健康发展。中央苏区多渠道强措施反腐肃贪，给予腐败分子极大的震慑力，维护了党和苏维埃政府的形象，更维护了苏区群众的利益，赢得了群众的真心拥护和支持。

中华苏维埃共和国的诞生是马克思主义国家学说与中国革命实践相结合的产物，是中国革命史和中共党史上重要的历史事件。在这一伟大进程中，中国共产党带领人民立足实际闯新路，不断开启马克思主义中国化新境界。中华苏维埃共和国的建立，书写了历史的奇迹，积累了丰富的经验。她是新中国的雏形。

五、精神孕育地

精神，是国之根本、民族脊梁。土地革命战争时期，中国共产党领导人民在江西红土地上闯新路、写新篇、创奇功、书伟绩。在伟大的革命实践中，江西承载着中国共产党人的初心与使命，孕育形成了井冈山精神、苏区精神、长征精神等。这些精神与延安精神、西柏坡精神等一起，共同构筑起以伟大建党精神为源头的中国共产党人精神谱系。

伟大斗争孕育伟大精神。以毛泽东为代表的中国共产党人在艰苦卓绝的革命斗争中凝铸的井冈山精神，其"坚定信念、艰苦奋斗、实事求是、敢闯新路、依靠群众、勇于胜利"的内涵实质，跨越时空放射出新的时代光芒。井冈山精神诠释了中国共产党由小到大、由弱到强的磅礴力量，更是井冈山广大儿女传承红色基因、激发奋进力量的宝贵财富、丰厚营养。2017年，井冈山市在全国832个贫困县中率先脱贫"摘帽"，为全国打赢脱贫攻坚战、实现全面建成小康社会目标创造了"井冈样本"。中国革命胜利的光辉起点，成为老区人民脱贫致富奔小康的新起点。

1927年大革命失败后，中国共产党开始独立领导中国革命，带领人民创建革命根据地，探索建立苏维埃政权。在苏区的创建与发展过程中，以中央苏区为最主要代表的苏维埃运动区域积极创新创造，在中国革命史上写下了气势恢宏的革命史诗，孕育了以"坚定信念、求真务实、一心为民、清正廉洁、艰苦奋斗、争创一流、无私奉献"为主要内涵的苏区精神。苏区精神跨越时空，熠熠生辉，激励一代又一代人奋力前行。作为土地革命战争时期中央苏区的主体和核心组成部分，赣南弘扬苏区精神、推动苏区振兴发展，今日有了翻天覆地的变化。2019年习近平总书记视察江西时指出，赣南地区的脱贫攻坚取得了决定性胜利。生生不息的"信念树"、绵绵不绝的红井水，再次见证了党中央和习近平总书记对老区人民的殷殷关怀和深情大爱，这是人民幸福的源泉。

长征的伟大胜利，不仅宣告了国民党反动派消灭中国共产党和红军的图谋彻底失败，而且极大地推进了马克思主义中国化进程，实现了中国革命新局面的历史性转折。特别是以毛泽东为核心的第一代中央领导集体的形成，成为中国共产党走向成熟的重要标志。作为中国共产党人的红色基因和精神谱系的重要组成部分，伟大的长征精神是以爱国主义为核心的民族精神的最高体现，已经深深融入中华民族的血脉，成为鼓舞和激励中国人民不断攻坚克难、从胜利走向胜利的强大精神动力。江西是长征起点，是红色圣地，红色烙印深深镌刻在这片沃土上。不忘初心，继续前进，红色精神不断焕发时代的光芒。新时代的长征路上，江西在续写新的历史篇章。

历史的启迪永在，精神的价值长存。土地革命战争十年，中国共产党人高擎理想信念之旗、勇担为国为民之责，推动革命不断向前。江西人民一心向党、义无反顾、不畏艰险、不怕牺牲。他们用鲜血和生命铸

于都中央红军长征出发纪念碑

就的伟大革命精神,成为一代代中国共产党人最宝贵的精神财富。

中华人民共和国成立后,江西人民保持坚定质朴的革命本色和敢为人先的革命精神。从新中国第一架飞机的诞生,到大飞机现代航空产业体系和航空城建设;从实施山江湖工程,到国家级生态文明试验区建设;从硅衬底高光效 GaN 基蓝色发光二极管到 VR 产业等蓬勃发展……先行先试、敢为人先的红色基因,一直绵延在赣鄱儿女的血脉里,深深地镌刻在江西广大干部群众心中。

牢记嘱托,感恩奋进,英雄的赣鄱儿女"努力在加快革命老区高质量发展上走在前,在推动中部地区崛起上勇争先,在推进长江经济带发展上善作为",把习近平新时代中国特色社会主义思想化作生动实践,镌刻于红色赣鄱大地。

山水文化
SHANSHUI WENHUA

江西，钟灵毓秀，山川瑰丽，绿色的生命世界孕育了无限的自然神奇。这片形若桑叶的土地，位于中国东南偏中部的长江中下游南岸。千百年来，在这里繁衍生息的祖祖辈辈，创造了灿烂的文明。

整个江西宛如一座由大山构筑的城池，东有怀玉山和武夷山脉，南有大庾岭、九连山脉，西有罗霄山脉的万洋、诸广、武功诸山，三面群山拱卫。大山的内侧丘陵绵亘，中北部平原坦荡、江湖交织。整个地势由外向内，自南而北，渐次向鄱阳湖倾斜，湖水经湖口连通长江，形成一个向北开口的不闭合盆地。大山沿着江西的边界起伏绵延，砌起苍翠而险峻的"墙垣"，在中国南部圈出一个相对独立的地理单元。

"庐山天下悠、三清天下秀、龙虎天下绝"，它们与井冈山、弋阳龟峰、萍乡武功山、安远三百山等名山一起，护卫着江西大地。贡水和章水在郁孤台下交会，携各支流之水，蜿蜒北流，与抚河、信江、饶河、修水一起，聚成鄱阳湖。绵密的水系，滋养着赣鄱儿女。人与自然交相呼应，共同构建了江西独特的山水文化。

上饶三清山

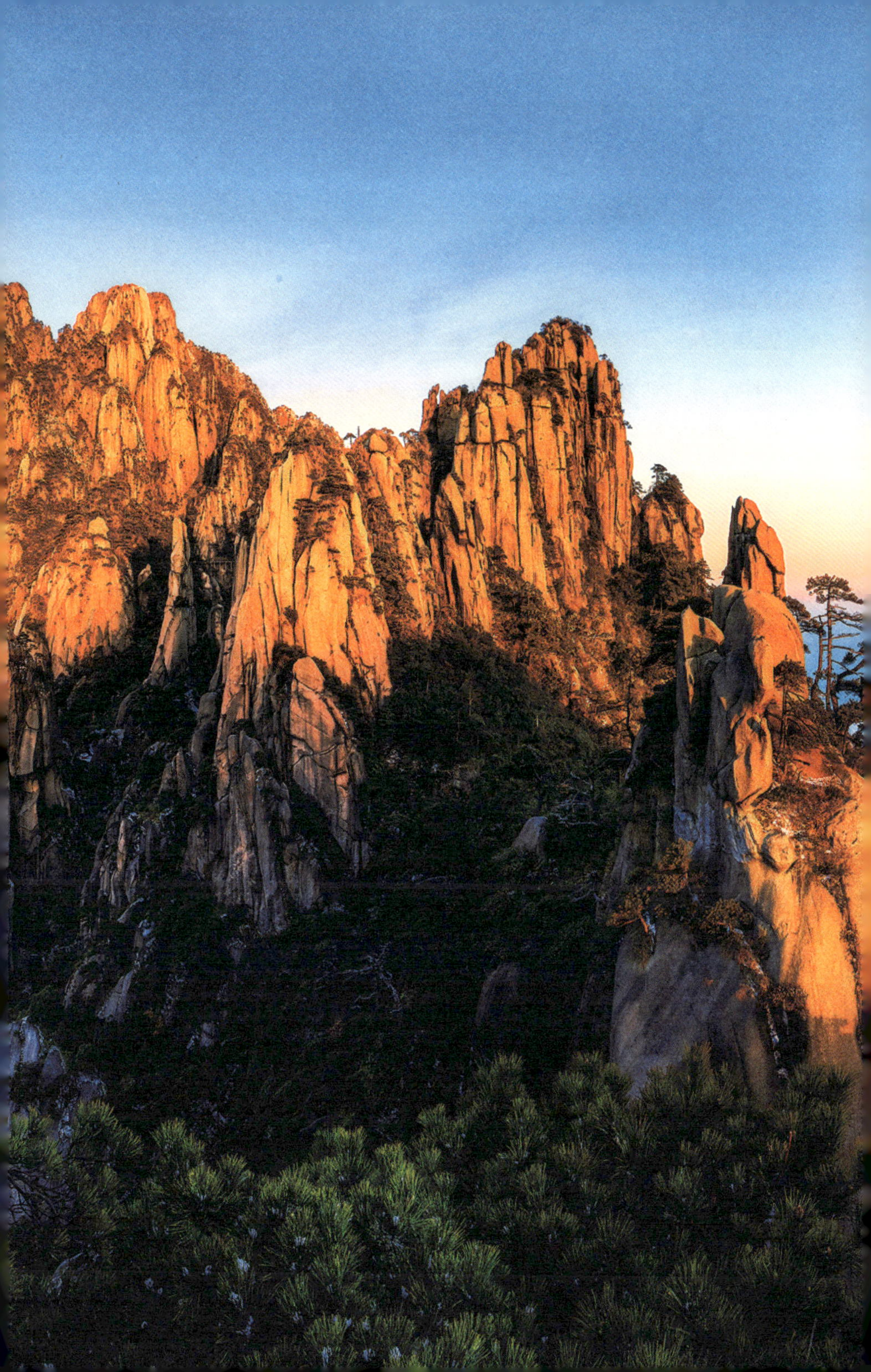

一、风景独好

江西,别称"赣",在中国的版图上,属江南地区或华东片区,今为中部六省之一。江西东邻浙江、福建,南接广东,西连湖南,北与湖北、安徽毗邻,是中国东南的腹地,素有"吴头楚尾,粤户闽庭"之称,具有良好的区位优势。

江西南北长约 620 千米,东西宽约 490 千米,总面积约 16.69 万平方千米,占全国国土面积的 1.74%,是华东六省一市中面积最大的省份。

江西的地形呈现出鲜明的特征,宛如一座由大山构筑的城池。如果说,江西是一片桑叶形土地,那么,河流,便是桑叶上供给养分的叶脉。

井冈山

江西的水利资源极其丰富，境内河流密布，水系发达，大大小小的河流2400多条，汇聚成160多条常年有水的河流，总长度约18400千米。它们是这片桑叶上奔流不息的叶脉，奔向赣江、抚河、信江、修河和饶河，滋润着这片红色的土地。赣江、抚河、信江、修河和饶河五大河流，是省内的主要河流，它们密布的支流把江西大地连为一体，又一齐汇入鄱阳湖，然后经湖口汇入长江。

鄱阳湖地处江西北部，位于长江中下游南面，是中国第一大淡水湖。它与江西境内的柘林湖、仙女湖、陡水湖等大大小小上万个湖泊一起，滋润着江西的座座青山。

江西红土地，不单是一种有关革命圣地的象征性说法，也是大自然的造化之作。从土壤的颜色来看，江西是一块名副其实的"红土地"。除湖区和河谷平原外，

江西70%的土壤都是红红的颜色，就像被天上的丹霞染透了一般。

江西大地的成矿地质条件十分优越，蕴藏的矿产资源极其丰富，可称为巨大的宝库。全世界已知矿产在江西已发现193种（以亚矿种计），全省矿产地达5000多处。江西，几乎是一部天然的世界矿藏大全！江西的有色金属、稀有金属、稀土矿的储量都很大，在国内乃至世界上都具有重要地位。铜、钨、铀、钽、稀土、金和银矿被称为江西矿藏的"七朵金花"，其中钨矿和离子型稀土矿在世界矿业领域具有重大影响。江西因此享有"世界钨都"和"稀土王国"的美名。

江西是地球北回归线荒漠带上的绿色明珠，是典型的副热带荒漠中的绿洲、得天独厚的亚热带植物王国。在森林、草丛、湖滩、河流中，活泼泼的生灵营造了一个热闹、和谐的动物世界。江西丰富的动植物物种，使江西成为一座巨大的天然基因库，在地球的生物链上具有举足轻重的地位。江西人珍爱自然的文化传统，守护了这一片安定祥和的青山绿水，使之成为这些珍贵动植物的栖息地和避难所。

二、赣江鄱湖

赣江 江西的母亲河赣江，全长744千米，是江西最大的河流，也是长江中游的主要支流之一。赣江自南向北纵贯全省，有13条主要支流汇入，是江西的水运大动脉，也是远景规划赣粤运河的组成河段。赣江上游东支贡水、西支章水，自赣南的崇山峻岭中流出，至赣州古城的八境台下交汇，汇成浩浩赣江。江西省的别称"赣"字，即为"章""贡"

赣江

二水相交之意，非常形象地揭示了赣江源流的秘密。

北流的赣江，流经赣县，冲过十八滩至万安、泰和。吉安至新干为中游。由于河流切割遂（遂川）犹（上犹）山地，冲出许多峡谷，滩险流深，湾多湍急。进入泰（和）吉（安）盆地，由于东西两岸有孤江、遂川江、蜀水、禾水等较大支流汇入，水量大幅增加，水势浩大，江面也变宽。新干至吴城为下游，江阔多沙洲，两岸有江堤。赣江流至樟树、丰城，因山势渐退，江面逐渐开阔，河道略弯而不曲，水势平缓。

赣江下游过南昌后分流，均汇入鄱阳湖：一支经南新至南矶入鄱阳湖；一支经塘山、尤口、鲤鱼洲入鄱阳湖；

干流经南昌县联圩铁河,至永修县吴城镇附近入鄱阳湖。赣江通过鄱阳湖与长江相连。

赣江自古以来就是中国南部最重要的水运大动脉之一,也是中国不可多得的南北走向的河道,被誉为"黄金水道"。千百年来,在充满灵性的江水的浇灌和滋润下,江西的土地得以休养、生息、发展、繁荣。赣江成为江西经济、文化进步的温床。

鄱阳湖　　鄱阳湖古称彭蠡,是我国最大的淡水湖,汇集赣江、修水、鄱江(饶河)、信江、抚河等河流,经湖口注入长江。鄱阳湖烟波浩渺,碧水如镜,拥有"中国第一大淡水湖泊"和"亚洲最大的淡水湿地"两顶桂冠,在全世界湖泊与湿地家族中享有很高的知名度。

鄱阳湖是一个季节性湖泊,具有"洪水一片,枯水一线"的典型湿

鄱阳湖候鸟

地特征。这里有着丰富的野生动物资源：是野生鱼类洄游繁育的天然渔场，是310多种湿地鸟类的家园。东方白鹳、中华秋沙鸭、白鳍豚、江豚、中华鲟、大鲵（俗称娃娃鱼）、虎纹蛙等珍稀动物，都在这里繁衍生息。

鄱阳湖还是世界性候鸟跨国旅行的越冬栖息地，聚集了国际候鸟保护协定中50%以上的种属，其中国家一级保护鸟类达10余种。每当冬季来临，鄱阳湖便是名副其实的鸟类"联合国"。全世界98%以上的白鹤种群以及大量的鸿雁、天鹅等候鸟都把这里当作第二故乡。

鄱阳湖是世界自然基金会圈定的全球重要生态区之一，也是中国唯一的世界生命湖泊网成员，被列入《国际重要湿地名录》，具有独特的科学研究和保护价值。

三、名山胜景

放眼江西大地，群山之美不尽相同，或以雄浑立世，或因奇秀扬名；或以物华出奇，或凭天宝著称；或借神话传说增添神秘，或因高峻幽深令人敬畏……

庐山天下悠 庐山是联合国教科文组织评选出的首批世界地质公园之一，它还入选了世界文化遗产，是中国第一个"世界文化景观"。

庐山北枕长江，南临鄱阳湖。高峻的山体突兀而起，

庐山五老峰

有"一山飞峙大江边"的气势。在大约300平方千米的景区内，有90多座山峰绵延相连。主峰大汉阳峰海拔1474米。这里在第四纪冰川的作用下，形成崖壁断峭、峡谷幽深的奇异风光，如U形谷、飞来石等。五老峰倚天伫立，锦绣谷断崖如壁，三叠泉如帘似雾，如琴湖波弄弦歌。仙人洞、花径、东林寺、大小天池、牯岭街，还有那些掩映于绿丛、星布于坡冲之间的万国别墅，深印着历史的回忆，似乎有永远也讲不完的故事。那些倏忽而来、飘然而去、出人意料、离奇诡谲的云雾，更使庐山蕴含一种神秘的美艳。

庐山之"悠"，有历史悠久、山川悠远、文脉悠长之意，也有令人闲适、闲散而生发的悠闲、悠然、悠缓之感。可以说，庐山是一座在天下名山中能令人感到超脱，感到闲适，可以闲散自在地游历、隐修、创思、居住、生活的"神仙之地"。两千多年来，一万多首诗词作品，铺满了这里的每一处峰峦壑谷。庐山之"悠",正是自然和人类共同营造的特殊的文化氛围和文化气质。

三清天下秀 三清山又名"少华山",素有"江南第一仙峰,天下无双福地"的美誉,是"世界自然遗产"。三清山风景区总面积756.6平方千米,其中核心景区面积230平方千米。主峰玉京峰海拔1819.9米,周环南清园、西海岸、三清宫、梯云岭、阳光海岸、玉灵观、三洞口、冰玉洞、石鼓岭等景区。三清山大体东险西奇,南绝北秀。这里奇峰、古松、响云、彩瀑、神光最为奇特,被誉为西太平洋地区最美丽的花岗岩地貌景观之一。

三清山复杂的微地貌地形环境,成为许多古老珍稀植物的避难所。这里不仅是华东黄杉和南方铁杉的分布中心,还有连绵数千亩的高山杜鹃林。2008年三清山珍稀物种就随"神七"实验舱升入太空。三清山的野生动物种类繁多,而且区系成分复杂,还栖息有大量珍稀、特有的物种,被誉为全球最重要的"生物避难所"之一。

三清山还是一座道教名山。截至目前,玉京峰北山地区已发现230多处古建筑遗存,被誉为中国道教建筑的"露天博物馆"。三清山道教古建筑群气势恢宏,与自然风光融为一体。

"三清天下秀",揭示了三清山在天下名山中以自然景观之"秀美"和"秀雅"见长的美学特质。这个评价,与联合国教科文组织世界遗产委员会对三清山的评语十分切合:"三清山在一个相对较小的区域内展示了独特花岗岩石柱与山峰,丰富的花岗岩造型石与多种植被、远近变化的景观及震撼人心的气候奇观相结合,创造了世界上独一无二的景观美学效果,呈现了引人入胜的自然美。"

鹰潭龙虎山

龙虎天下绝 龙虎山原名云锦山，拥有国家AAAAA级风景名胜区、国家级森林公园、国家地质公园、国家自然文化双遗产地等多项殊荣。

天门山是龙虎山的主峰。这里山坡陡险，谷地幽深，怪石遍布，森林茂密，巍峨而壮观。从北至南，三清论道峰居北端，依次为八戒梦仙峰、鲤鱼峰、状元峰、蜡烛峰，南端为大刀切峰，每一座山峰都是一则立体的神话故事。

"龙虎天下绝"，揭示的是龙虎山之自然文化景观在天下名山中具有独一无二、妙不可言的美学特质。龙虎山"天师府"作为道教正一派祖庭，具有独一无二的特殊价值。在自然遗产方面，龙虎山之妙不可言并令人拍案叫绝者，在于龙虎山和龟峰作为中国丹霞地貌的典型样本，包含了中国亚热带湿润区丹

霞单体与群体的重要形态类型，形态类型的多样性造就了丹霞峰林地貌组合和象形丹霞景观的独特性。旅游工作者将龙虎山的象形景观，概括成"十不得"诸景：仙女配不得、仙桃吃不得、莲花戴不得、丹勺用不得、道堂坐不得、云锦披不得、石鼓敲不得、剑石试不得、玉梳梳不得、尼姑背和尚走不得。一处处天造地设、鬼斧神工，的确有令人拍案叫绝之妙。仙水岩，又称"大地之母"，更有"天下第一绝景"之美誉。

井冈天下雄 井冈山地处湘东赣西边界，南岭北支、罗霄山脉中段，是江西西南门户。这里是集人文景观、自然风光和高山田园为一体的山岳型风景旅游区，是国家AAAAA级风景名胜区、国家自然保护区、全国红色旅游经典景区、世界生物圈保护区。

五百里井冈，不仅是一块红色的圣地，还是一处绿色的宝地。井冈山风景名胜集革命人文景观和优美自然风光于一家。井冈山的主要景物有 9 种：革命文物、山石、瀑布、溶洞、气象、高山田园风光、次原始森林、珍稀动植物、温泉。这里风景秀丽，有繁花茂林、高山幽壑，还有飞瀑云海、深涧岩洞。

这里的每一寸土地，都闪耀着红色的神圣光芒。这是一座革命的山、战斗的山、英雄的山！这是一座俊美的山、秀丽的山、瑰奇的山！

四、山水之间

绿水青山，既是江西的天赋异禀，又是江西的"金山银山"。江西先辈择址定居时，极好地利用了山川优势，村庄背靠青山，既维护庄后之山脉，又吸收山岚之灵气，是谓"门对青山千古秀，户迎绿水四时新"。他们利用山林资源，创造美好的幸福生活。今天的江西儿女，在享受这份宝贵财富的同时，更要传承和爱护这片锦绣河山。

在美丽富饶的赣鄱山水的怀抱里，有许许多多传统文化的明珠。它们以多彩的形态、淳朴的民风、独特的建筑和深厚的文化底蕴，向人们展示赣鄱文化的博大精深。诸多"养在深闺人未识"的古老田园，如今也逐渐成为寻梦人的梦里水乡、世外桃源。这些都是江西大地上绝美的田园山水画卷。

聚居人口的增加使聚落形态由村寨向集镇、城市发展。随着数千年风雨的剥蚀、战火的烽烟,许多古老的村落早已百孔千疮、面目全非,甚至归于寂灭。而那些带着岁月的伤痕屹立在山野中的美丽房屋,已经成为今天人们眼中的国之瑰宝。

江西瑰丽的乡村大多有悠久的历史、传奇的故事,如"千古一村"流坑村、赣南围屋等。中华民族数千年优秀传统文化的积淀,穿越漫长的岁月,仍然在这片古老的土地上放射着璀璨的光芒。那朴实而清新的民居聚落,恬淡而安宁的田园生活,像一曲曲回味无穷的田园诗歌,在深情地呼唤着久别故乡的人们……

在这些经历了近千年历史、数十代人繁衍的江西古村落中,形成了丰富多彩的民俗文化、风土人情和人文景观,保留了民间世代相传的安居乐业、家和万事兴的理念。在村规与家训、崇拜与信仰、傩舞与灯彩、匾额与楹联中,江西的乡村构造了一个完整的家园,孕育出生长于斯的人杰,并成为牵萦着思乡游子梦想的根源。

名山胜水引发文人之幽情。自古以来,文人墨客、名家伟人,来到赣鄱大地,或回归祖籍,或为宦游历,或浴血奋战。他们被这里的青山绿水吸引,迸发才情,大发诗兴,创作出了蔚为壮观的诗词歌赋、散文游记,用生花妙笔题咏、赞颂江西的山山水水,使名山胜水与名人名作相映成趣。

陶瓷文化
TAOCI WENHUA

中国是陶瓷的故乡,是世界上最早烧造陶瓷器的国家。瓷器是中国文化最具象征意义的符号和名片,它的发明是中华民族对世界文明的重大贡献。

江西有着悠久的冶陶制瓷史。万年县仙人洞出土了目前世界上烧成年代最早的陶片,距今约 20000 年。部分陶片拼合成的陶罐,被誉为"中国第一罐",并被列入 2012 年"世界十大考古发现"。在商周时期,江西先民就完成了从制陶到制瓷的转变,创烧出原始青瓷。洪州窑的青瓷以其质优风靡唐朝,而吉州窑则以丰富装饰技艺让黑釉瓷器进入寻常百姓家。公元 1004 年,宋朝皇帝以其年号"景德",将赣东北群山之中的"昌南镇"更名为"景德镇"。景德镇由此逐渐成为中国古代的制瓷中心,将陶瓷艺术推向高峰。历经元、明、清 700 余年,景德镇为"天下窑器所聚",烧造的瓷器"行于九域,施及外洋",一跃成为世界瓷都。这里的产品流向全球市场,以工艺之精美、文化之厚重被世界人民喜爱。景德镇瓷器和制瓷技艺的对外传播,不仅促进了世界陶瓷工艺的发展,也对世界文明史做出了重要的贡献。

御窑厂遗址

景德镇御窑厂遗址

一、先民手作

江西有着悠久的冶陶制瓷史。江西万年仙人洞遗址出土的陶片，是中国乃至世界迄今发现的年代最早的陶器。樟树吴城文化遗址和鹰潭角山窑场遗址出土的中国最早的龙窑和原始青瓷碎片，表明赣江流域早在商周时期已拥有成熟的陶瓷烧造技术。这三处均为国务院公布的全国重点文物保护单位。

仙人洞陶片　仙人洞遗址共出土陶片800多块。据中美联合考古最终测定，其中早期陶片的年代距今至少应在20000年，这是迄今所知全球烧成年代最早的陶器。因年代久远，这些陶器都碎成了陶片。经专业人员修复的唯一一件红陶罐，目前收藏在中国国家博物馆。专家们从残片分析，当时的器型大多是手工盘筑捏制而成的圆底罐，陶器内壁凹凸不平，胎壁厚薄不匀，有些还掺和了蚌末、石英粒；陶色也不稳定，有的在同一块陶片上呈现红、灰、黑三色，显示先民们烧造陶器的技术尚处于原始阶段。

万年仙人洞考古出土陶片复原的陶罐（旧石器时代晚期）

吴城遗址出土的圈点纹原始瓷假腹豆（商代）

吴城原始瓷 吴城商代遗址是中国原始瓷的发源地之一，位于江西省樟树市吴城镇。该遗址是中国长江以南首次发现的商代文化遗址。在江西发现的众多商周遗址中，吴城遗址始终是规模最大、内涵最丰富的一处。在吴城遗址中，不仅出土了大量青铜器和青铜冶炼工具，还出土了大量原始青瓷和十几座窑炉。其中有一座长达 8 米的龙窑，是迄今为止发现最早的龙窑之一。龙窑产生的最高温可达 1300 摄氏度以上。它的出现，为江西汉唐以后青瓷烧造的蓬勃发展奠定了优越的基础。龙窑因此被人们称作"青瓷的摇篮"。原始瓷器的烧制，随着吴城文化与周围各族文化的交流互通，逐渐遍及江西乃至长江中下游一带。

角山窑厂　鹰潭角山板栗山遗址位于鹰潭市区以东7千米的童家镇徐家村。村边稻田下，沉睡着一座巨大的商代窑厂，埋藏着无数精美绝伦的陶罐和青瓷。1953年，角山古越民族的大规模瓷器生产基地奇迹般出现在世人眼前。角山窑厂面积超过7万平方米，是迄今为止发现的夏商时期最大的窑厂。窑厂之内陶瓷窑炉成群，从中复原的陶瓷器有3000余件，陶瓷碎片有几十万片，种类十分丰富。这里也是中国最早的专业性生产窑厂、最早的商业性窑厂，更是夏商陶瓷作坊遗址中唯一可以再现出古代陶瓷生产全过程的窑厂遗址，可为研究我国早期窑业提供宝贵的实物支撑。

二、江西名窑

江西洪州窑，是唐代中国的六大名窑之一，是国务院公布的全国重点文物保护单位。宋代的吉州窑，则以其风格古雅在宋代民窑中独树一帜。宋代，昌南镇变成景德镇后，这里逐渐成为全国的制瓷中心，并在之后的数百年间享誉世界。

洪州窑青瓷　20世纪七八十年代，在江西丰城洪州窑遗址群陆续出土了一批隋唐青瓷多足辟雍砚。东汉晚期洪州窑初创，这一时期的洪州窑已经能烧造成熟的青

青瓷——四系罐（东汉）

青瓷——莲瓣纹碗托及碗（南朝）

青瓷——青褐釉多足辟雍砚（唐代）

吉州窑——黑釉木叶贴花盏（宋代）

釉瓷器。到东晋、南朝时期，洪州窑逐渐进入兴盛，唐时已声名远播。洪州窑烧制瓷器持续时间长逾800年，形成了规模巨大的窑群，是我国南方重要的青瓷产地。晚唐开始，位于洪州窑南面的吉州窑、北面的景德镇窑开始兴盛，制瓷的中心也从洪州转移。洪州窑青瓷以褐釉点彩为特色，在当时创新性采用匣钵装烧工艺。其出色的品质在当时的市场上具有很强的竞争力，在中国古代瓷器史上也占据了一席之地。

吉州窑　吉州窑，也称永和窑，是北宋元丰（1078—1085年）后全国著名的民窑之一，遗址在今吉安县永和镇一带。吉州窑兼收南北名窑制瓷技艺，生产的黑釉瓷和彩绘瓷独具风格。木叶纹是吉州窑的一大绝技，是吉州窑工匠别出心裁独创的装饰工艺。吉州窑的彩绘技术对景德镇元代青花瓷的生产和发展起了承前启后的作用。吉州窑是民间窑场，平民百姓是产品的最大消费者，所以产品中生活日用品居多。工匠们在没有固定样式限制和思想束缚的状态下进行创作，想象力与创造力都得到无拘无束的发挥，用普通的原料和简单的设备创造出了朴素动人的艺术品。

三、景德古镇

景德镇之名的由来，是北宋第三个皇帝真宗赵恒，因为对这里烧造的青白瓷爱不释手，而将饶州府浮梁县下属的昌南镇改名为"景德镇"。这个名字一直沿用至今。

青白瓷（又名影青瓷）是我国宋元时期生产的主要瓷器品种之一，集中代表了宋代高度发达的制瓷技术水平，以江西景德镇为代表的宋元青白瓷窑系，在中国陶瓷史上占有极重要的地位。其釉色介于青白之间，青中闪白，白中显青。青白瓷最初以釉色之美倾倒众生，继而以优美朴素的图案纹样，开景德镇陶瓷装饰艺术之先河。

青白瓷——青白釉盘口双系执壶（北宋）

世界青花　元朝之后的景德镇窑，成功烧制出青花瓷，打破了中国传统瓷器以青、白、黑为主的局面，成为中国陶瓷史上的重大事件。明朝时，青花瓷逐渐成为景德镇瓷器生产的主流，它在明清时期成为东方文化的载体，大规模涌入国际市场，奠定了景德镇世界瓷都的地位。

江西高安出土的国宝元青花，震惊了全世界。它破除了对中国瓷都景德镇在元代究竟有没有能力和技术生产青花瓷的质疑。高安元青花的出土证实，全世界在 13 至 14 世纪制作的所有的青花和釉里红瓷器，几乎全部产于景德镇。中国青花瓷，以其美丽迷人的蓝白色大量外销土耳其奥斯曼帝国，还融入了伊斯兰风格，成为中世纪中外文化艺术合璧的典范，也是如今世界陶瓷史上的珍宝。虽然中国本土的元青花瓷器存量极少，但是在伊朗和土耳其却保存了大量的中国元青花瓷器，这与中古时期蒙古和奥斯曼帝国的扩张有着密切的关系。中外文化在这一时期的交流呈现了前所未有的景象。元代中国工匠对阿拉伯和波斯文化的吸收借鉴，不仅使景德镇陶瓷器型有了大的突破，而且最终创造出具有东方魅力、中国风格的青花瓷。元代出现的青花瓷在中国乃至世界的陶瓷史上都具有划时代的意义。

关于青花瓷的制作，青花料也有着它的演变与传奇。明洪武到永乐初年，民间青花瓷所用的青花料大多是产于浙江永康、金华一带。郑和下西洋后，从印尼和波斯等地带回了大批青花料。但这两种来源的钴矿都价格高昂，直到明末以后在江西瑞州府（今高安市）有村民发现有钴矿，并且掌握了冶炼料子的方法，并在景德镇冶炼，

青花瓷——鬼谷子下山图罐（元代）

民窑也能大量购进青花料绘瓷。

四大名瓷 景德镇的瓷器种类繁多，但以青花、粉彩、玲珑、颜色釉最负盛名，被誉为"景德镇四大名瓷"。青花瓷又称白地青花瓷，是用含氧化钴的钴矿为原料，在陶瓷坯体上描绘纹饰，再罩上一层透明釉，经高温还原焰一次烧成的。粉彩瓷是以粉彩为主要装饰手法的瓷器品种，色彩柔和雅致。玲珑瓷则是在瓷器胚体上通过镂雕工艺雕出许多"玲珑

玲珑瓷——白釉镂雕莲花纹碗（清代）

粉彩瓷——开光乾隆御制诗花卉纹蝠耳瓶（清代）

颜色釉瓷——祭红釉高足碗（清代）

眼"，再施釉烧制。这些"玲珑眼"烧制后，形成半透明的亮孔，晶莹剔透，让玲珑瓷别具特色。颜色釉瓷是在瓷胎外罩一层颜色釉烧制而成。所用的颜色釉中含有金属氧化物，在特定的温度中会呈现出不同的颜色。四大名瓷都是在清代民窑多元化趋势中的特色产物。景德镇瓷器具有"白如玉、明如镜、薄如纸、声如磬"的特点，造型优美，装饰丰富，风格独特。瓷器中蕴含的深厚的文化积淀，让景德镇名瓷风采独具。

陶阳里历史文化街区保留了景德镇最丰富的历史和文化信息，是景德镇陶瓷文化的见证地，被誉为景德镇的"活化石"，蕴藏着景德镇千年窑火越燃越旺的"密码"。

四、官窑民窑

清代景德镇官窑摒弃明代以宦官监造御用器的旧制，起用富有责任心的督陶官员，官窑、民窑真正进入互相促进的时代，景德镇制瓷业因此进入高度繁荣的时期。官窑以康熙五彩、雍正粉彩和五光十色的高低温颜色釉为代表，民窑的主要成就在青花和彩绘。青花瓷大多是日用器皿，已深入至中国社会各个阶层。

官窑 清朝时，景德镇瓷业进入了黄金时代。清初实施的恢复经济、废除匠籍和匠役制等制度，促进了瓷业经济的进一步发展壮大。此外，吸取明代经验教训后，朝廷从工部和内务府选派富有才干的官员前往监造和管理陶务；也对御器的经费来源做了必要的改革，从正项钱粮充算或由关闸盈剩中拨给，并对如何估算陶瓷制品的价值和最后核销都做了规定。在御窑厂的生产管理方面，

唐英像

清朝基本实行"官搭民烧"的办法，大大推动了民窑的发展。在所有督陶官员中，最重要、成就最大的，是雍正至乾隆年间担任景德镇督陶官的唐英。"恩沐陶铸三朝重，廿载西江五色烟"，这是唐英对他一生的概括，也体现了他在景德镇陶瓷发展中举足轻重的作用。

民窑 清初的景德镇，俨然是一座以瓷业闻名的国际手工业都市，而这种繁荣，主要是民窑的贡献。御器"官搭民烧"的生产方式，在明末已经出现，到清代则成为固定的制度。"官搭民烧"的官窑器，通常在御窑厂内完成制坯和成型工序，之后在选定的民窑中烧造。这样做，既可以节省成本，又可以促进民窑制瓷技术的提高。清康雍乾三朝是景德镇民窑瓷雕创作的鼎盛时期。随着彩绘装饰工艺的不断发展，瓷雕逐渐形成了工艺精巧、色彩斑斓、富丽堂皇的独特风格，并受到市场的欢迎。这种因为商品经济而产生的兼收并蓄的开放型格局，成为清代景德镇瓷业大发展、产品工艺飞速创新的最大动力。

红店 景德镇陶瓷的彩绘业——红店的出现颇具特色。明代甜白釉的烧造，使白瓷达到了细腻完美的境界，催生出了专门在白瓷胎上进行彩绘的行业。经营这一行业的店铺称为"红店"。红店在明代釉上彩的基础上，又发展出红彩、釉上五彩，并进一步发展和完善了斗彩。清代粉彩瓷出现后，从业人员更是迅速增多。明清两代，红店在景德镇兴旺发达，数以万计的瓷器，通过红店艺人之手远销海外。这些不知名的"红店佬"，为景德镇的彩绘瓷发展做出了很大的贡献。

五、瓷行天下

从 16 世纪至 19 世纪初叶,以景德镇瓷器生产为主的中国瓷器,借助新航路大规模输往世界上大部分国家和地区,"行于九域,施及外洋"。景德镇的瓷器踏着海上丝绸之路的浪花,远销世界。中国的外销瓷,留下了过往时代的物质见证,是东西方文化交流的特殊象征。它们不仅仅是珍贵的古董收藏品,更是研究历史、社会、经济以及民族性的最佳物质印证之一。

在东西方文化碰撞中,有两个人起到了关键作用,他们分别是郎世宁和年希尧。郎世宁(1688—1768 年)是西方传教士,受聘于清廷画院;年希尧(1671—1738 年)是朝廷大臣,曾出任景德镇官窑督陶官。他们出于对东西方文化

青花山水人物纹花口盘(清代)　　　青花山水纹盘(清代)

的共同兴趣，在官廷里相识并成了好友，成为早期中西方文化交流的使者。在郎世宁和年希尧的交往中，年希尧逐渐接受了西方的透视法。他任景德镇督陶官的 9 年中，注重创新和实践，不仅努力传承传统工艺，还试验过各种新技术，以至世人将他主持期间的官窑称为"年窑"。年窑的釉色丰富，有一二十种之多，技艺都达到了极高的水平。烧造的仿古瓷也很有成就，达到乱真的程度。珐琅彩也得到进一步发展，解决了清代珐琅彩瓷器彩料要靠进口的难题，还使清代珐琅彩的颜色在进口颜色的基础上增加了十几种。

景德镇瓷不仅受到西方的影响，也对西方文化有所影响。中国瓷器是最直接、最形象的文化承载者。在 16、17 世纪，中国瓷器是海上贸易的大宗商品。当时的中国是最能引发人们想象的国家，经济实力也居世界首位，瓷器、丝绸、茶叶等东方特产主导了国际市场。经过传教士文学和游记文学的传颂，西方人对中国风物迷恋钦慕，引发了西方国家的"中国热"。西方对中华文明的仰慕，很大一部分集中在欧洲思想家从中华文化中读到的儒释道精神，以及从中国艺术中感受到的"天地人合一"的哲学精神。此外，中国瓷器中的园林之美也影响了西方，并催生了荷兰风景画派。中国文化就这样借助外销瓷的传递，以最直接、最形象的方式，给西方人进行了一次东方文化洗礼。

书院文化
SHUYUAN WENHUA

书院是中国古代教育的一朵奇葩，而江西是古代讲学式书院的发源地之一。有教学功能的书院始建于唐代，江西的丰城罗山书院、高安桂岩书院、泰和匡山书院、德安东佳书堂等十余所书院就是那时创立的。德安东佳书堂制定的详细规条，是教学式书院规范化的重要标志。

　　江西的古代书院数量居全国各省之首。据 2018 年江西地方志编纂委员会办公室的统计，江西书院总数为 1959 所。江西古代书院的影响曾经很大。庐山白鹿洞书院被誉为"天下书院之首"，朱熹制定的《白鹿洞书院揭示》和书院的办学模式得到学术界的高度评价；贵溪陆九渊学派的象山书院是"南宋四大书院"之一；铅山鹅湖书院见证了理学争鸣；吉安白鹭洲书院培养的文天祥群体是中国士子推崇的文章节义的典范。江西是书院文化资源保留最多的省份。江西古代书院遍布赣鄱大地，培养了一代代的江西学子，孕育了无数历史名人，推动了文化学术的发展。

庐山白鹿洞书院

白鹿洞書院

一、书院之首

江西古代书院数量众多,在这千百所书院中,最为著名的是白鹿洞书院。白鹿洞书院位于今九江市庐山五老峰下,它与岳麓书院、应天府书院、石鼓书院并称天下"四大书院"。清代大学者王昶汇集各省志府州县志所载书院史料编著《天下书院总志》。他在"序"中称赞:白鹿洞书院乃"天下书院之首"。享有"海内第一书院"美誉的白鹿洞书院又与之后的吉安白鹭洲书院、铅山鹅湖书院、南昌豫章书院并称为"江西四大书院"。

白鹿洞书院可谓"千年学府",其历史源远流长。唐末,大书法家颜真卿后人颜翊率弟子于白鹿洞讲学。南唐时期,朝廷在这里建庐山国学,亦称白鹿洞国庠。南宋时期,在理学家朱熹的苦心经营下,白鹿洞书院名声大噪、文风昌盛。明代最著名的思想家王阳明也与白鹿洞书院有着颇深的渊源。他在白鹿洞书院举行的一次聚讲,是他心学传播的标志性事件之一。此后,罗洪先、王畿等心学大家也聚集在白鹿洞书院,这个朱学的阵地俨然变成阳明学派的花园。白沙学派的衣钵传人湛若水也与白鹿洞书院很有缘分。可以说,白鹿洞书院与许多儒学大家都有很深的渊源。中华人民共和国成立以后,白鹿洞书院得到了很好的保护与利用,书院再度兴盛。

白鹿洞书院作为学术的殿堂,在学术传播和繁荣方面做出了重要贡献。有意思的是,白鹿洞书院与明代科技人物也有着不解之缘,这给书院的发展带来了新的活力。这些科技人物不乏中国古代著名的科学家,包括胡俨、李贤、罗洪先、宋应星、方以智等,他们为古代中国的科学技术发展做出了突出的贡献。

白鹿洞书院不仅是一个文化圣地，还是一个明清古建筑的保留地。书院保存了大量的明清古建筑，包括礼圣殿、棂星门、朱子祠、报功祠、明伦堂、思贤台、御书阁、独对亭、延宾馆、枕流桥等等；书院的碑刻和摩崖石刻也十分丰富，为感受明清人文气息和研究明清建筑提供了重要参考。

二、书院寻踪

江西古代书院形态各异，家族书院、讲学书院、祭祀书院、考课书院、客家书院，交相辉映。它们散落在全省各地，有的保存了完整的建筑；有的仅存部分遗址；有的地面建筑荡然无存，难觅其踪。罗山书院、华林书院、盱江书院、白鹭洲书院、燕山书院、豫章书院、奎光书院、龙江书院和潋江书院等等都在江西书院发展中熠熠生辉。

书院起源于唐代，江西是古代书院的重要起源地之一。丰城罗山书院于唐大历六年（771年）为纪念隐士罗文通所建。高安桂岩书院于唐元和九年（814年）由幸南容创建，它的开办为兴办家族教育开创了新风，在中国教育史上有较大影响。德安东佳书院是唐代大顺年间由江州陈氏创建的一所家族书院，在维护陈氏家族累世聚居、提升家族声誉、促进家族发展等方面发挥了重要作用，被誉为我国古代书院发展史上的一个里程碑。

南唐华林书院 华林书院是江西从南唐至宋代的一所著名书院，地处奉新华林山，与浔阳东佳书堂、安义雷塘书院一道被誉为"鼎峙江东"的三大书院。南唐时期胡珰为重振家风在华林建立了书院。华林书院是一所家族书院，由聚族而居的华林胡氏依托家族财富建立。它招收的对象以家族子弟为主，为家族培养了代代人才。华林书院的名闻天下得益于胡珰的曾孙胡仲尧。

北宋盱江书院　盱江书院由北宋著名思想家、教育家李觏于庆历三年（1043年）所建，位于南城县北的凤凰冈，史称"先生创书院其下，学者千余人"，在当时是规模很大的书院。盱江书院以学者讲学为主，对科举并不十分重视，接纳的学子也不仅仅限于当地。在李觏的影响下，江右文风大盛，盱江书院培养出了许多名儒，是当时江南学子向往的著名书院。

南宋白鹭洲书院　在吉安市内，赣江中游的泥沙冲击而成的

吉安白鹭洲书院

沙洲上，有一个以连续办学近800年、人才辈出而闻名于世的白鹭洲书院。它是南宋江万里（1198—1275年）创立于淳祐元年（1241年），从开建到开学，从开学到教学，都是围绕着正气养成这个主题展开的。在江万里、欧阳守道等山长（校长）的影响下，涌现了文天祥、邓光荐、刘辰翁等忠节之士。白鹭洲书院的学子们也在学院之中，逐渐形成不唯文字而注重立身名节的品质。

江西的许多书院见证了中国革命的历史，中国共产党的很多历史事件是在传统书院发生的。井冈山的龙江书院被张震将军题为"我军军政院校的摇篮"。兴国潋江书院也见证了我国土地革命时期的很多重大事件。

三、书院繁荣

江西的书院繁荣推动了理学的昌盛，孕育了大批文史大家，也促进了科举的发达。

江西是中国理学最发达的地区之一。书院和理学有着密不可分的联系。书院是理学的传舍，理学是书院的灵魂，宋元明清时期的理学家是书院建设和发展的重要推动者。白鹿洞书院是朱子学的重要基地，成为理学传播的中心之一。此外，周敦颐、程颢、程颐、陆九渊、吴澄、吴与弼、王阳明等理学大家也与江西书院结下不解之缘，书院与理学迭相呼应、互相促进。

濂溪奠基　最早使书院和理学发生联系的，是宋明理学的奠基人、哲学家和教育家周敦颐。周敦颐（1017—1073年），字茂叔，号濂溪，是学者兼官员，长期在江西做官。他还是一位教育实践者，并热心于修建书院。在周敦颐修建的众多书院中，最著名的应该是九江的濂溪书堂。从周敦颐开始，书院与理学便结下了不解之缘，由濂溪到程颐、程颢（合称"二程"）而至朱熹，理学因书院而不断发展完善，书院因理学而愈加繁盛兴旺。

鹅湖论辩　朱熹理学和陆九渊心学是南宋最主要的两大思想派别，朱、陆二人在信州铅山的鹅湖寺进行过一次名闻天下、影响深远的学术辩论——鹅湖之会。"鹅湖之会"后，开展学术讲会在书院教育中逐步形成制度。南宋嘉定元年（1208年）前后，朱熹门人铅山徐昭然在鹅湖寺聚徒讲学。南宋淳祐十年（1250年），宋理宗赐名"文宗书院"，至此，鹅湖书院规制基本确立。现在，鹅湖书院风貌依旧，格局完整，环境优雅，古意盎然。

象山心学　在江西众多的书院中，象山书院可谓独树一帜。它作为一个独特思想流派的载体，是传承陆九渊心学理论的重要阵地。陆九渊（1139—1193年），字子静，号象山。起初，他回乡时，在陆氏家塾讲学，由于听讲者众多，于是一边讲学，一边思考再办一所更大的书院以传授自己的学术，于是在贵溪西南彭湾乡的应天山（后改名象山），创办象山精舍。在讲学过程中，其心学理论体系不断完善，陆九渊心学宗师的地位也最终确立。陆九渊去世后，其二传弟子袁甫为缅怀先贤、弘扬陆学，将象山精舍迁于贵溪城南三峰山徐岩前。南宋绍定五年（1232年），宋理宗御书"象山书院"匾额。

南丰曾巩读书岩

江西书院孕育了一代代江西文豪。古代江西的文史成就令人瞩目。"唐宋八大家"中江西就有三人。这片人杰地灵的沃土孕育了曾巩、王安石、黄庭坚、马端临、汤显祖等饱学之士，他们才华横溢，名满天下。这些从江西走出去的名士，大都有着在书院求学和讲学的经历。

兴鲁曾巩 地处江西东部、盱江上游的南丰县，在900多年前的北宋时期，孕育出了一个江右望族。这一家族以"唐宋八大家"之一的曾巩为代表，成员包括著名的"南丰七曾"。曾巩（1019—1083年），字子固。他的家族在两宋时期极为兴盛，在朝为官者过百人。这个家族的长盛不衰、名家辈出，与其家族文化、家风传承有着密不可分的关系。南丰曾氏重视族中子侄的教育，曾巩的祖父曾致尧便创办了曾氏学舍，即后来的南丰书院。曾巩自己也继承了曾氏家族热心于兴办教育的传统，于宋仁宗嘉祐元年（1056年）在临川创办兴鲁书院，"上承曾子之家学，以继周公孔子至传者"。书院创办以后，曾巩亲自讲学，并订立学规，四方士子闻风而至，兴鲁书院培养了一大批饱学之士。在曾巩的推动下，历代临川官员都对兴鲁书院极为重视，使之成为临川一带影响很大的一所书院。

鹿冈安石 宋仁宗天圣七年（1029年），乡贤杜子野寄居于鹿冈香林寺读书，并着手兴办鹿冈书院，开始他的教学生涯。在杜子野的教学生涯中，他培养的最有出息的学生就是王安石。王安石（1021—1086年），字介甫，号半山。他求学鹿冈书院的时间并不长，但是这段经历却给他留下了难以磨灭的印象。王安石后来成为北宋著名的思想家、政治家、文学家、改革家，政绩显著，在中国历史上产生重要影响，而鹿冈书院和杜子野也成为口碑载道的历史佳话。

江西修水双井黄氏建立的樱桃洞、芝台两所书院，培养了一代文豪黄庭坚。编纂《文献通考》等书的马端临，曾为慈湖书院的山长（校长），为家乡无私奉献，培育英才。中国戏剧文化史上的骄傲汤显祖，在明德书院学习期间，与罗汝芳建立起了山高水长的师生情谊，也让他能够大胆突破前人思维的窠臼，创作出不朽的剧作。可以说，在江西各大书院中，不论是从教的山长，还是学习的士子，都在书院的教育之下，成长成才，对江西乃至全国都产生了重要影响。

历史上江西籍进士达全国的十分之一。一地科名的多寡，往往在某种程度上反映了当地的文化教育水平。科举与书院互为表里，书院在地方教育格局中占有重要位置。可以说，古代江西科举兴旺发达、人才辈出得益于书院的培养沃土。

家族书院 古代江西的书院数量十分可观，除了著名的白鹿洞书院、白鹭洲书院、鹅湖书院等书院外，还存有大量地方举荐和家族兴办的书院。以位于江西省抚州市乐安县的流坑村为例，这是董氏单姓聚居的血缘村落，这里的家族书院肇始于北宋大中祥符年间。董氏家族董文广在科考成功后，举全家之财力兴办家族教育。董氏科举的成功，极大激发了流坑董氏家族兴办教育的热情，先后创办了桂林书院、中冈书院、子男书院、镜山书屋等。在书院建立和家族重视科举的影响下，乐安流坑董氏在历史上名贤辈出、代有人才。

书院学规 事实上，在中国传统社会，科举制可以给普通的农家子弟提供一个直上青云的机会。在科举考试中，要先后经历童试、乡试、会试等程序。由于官学名额有限，所以，书院就是满足广大读书人参加科举考试需要的最好场所。书院帮助广大读书人在科举考场上制胜。在现存的书院学规中，可以看到书院在科举训练上做出的针对性指导。从江西文状元的地区分布来看，状元的分布与江西历史上书院分布的趋势接近。江西状元与江西书院之间的动人故事有很多，如伍乔与白鹿洞书院、徐元杰与鹅湖书院、汪应辰与端明书院、罗洪先与正学书院等等，不少状元都与书院结下了不解之缘。

办学助学 江西书院最多，还得益于这片土地自古以来就有着兴学向学的优良传统。书院繁荣，科举发达，与江西人热爱读书的良风美俗分不开。爱读书，重科举，就需要兴建大量的书院来教育士子。首先是地方官员、绅士和当地百姓大力兴学，而各方人士捐田捐粮是书院经费的保障。民办书院主要依靠民间力量兴建，由地方、宗族或者个人筹措资金。官办书院虽经费主要靠地方政府划拨，但是办学过程中也往往会得到民间的捐助。此外，在书院办学上，还体现了对贫寒学子的关怀。明清时期，江西书院形成了特色鲜明的生徒资助和奖励制度，以解除贫寒学子的后顾之忧，让他们能够安心学习。

除了对学生的关心，书院还格外注重师生关系的培养。尊师重教是中华民族优秀的传统美德，古代江西书院中师生关系融洽、情谊悠长，民间流传着多种多样的尊师重教的民俗。

四、书院新风

光绪二十七年（1901年）八月，清朝廷正式下令全国各地书院分别改为大中小学堂。于是，江西和全国一样，掀起了一股书院改学堂的热潮。传统书院虽然退出了历史舞台，却为今天的人们留下了宝贵的文化遗产：书院建筑、书院遗址、书院文物、书院文献以及书院承载的耕读精神。深入挖掘其内在价值，强化保护利用措施，研究借鉴文化精神，打造书院文化名片，让璀璨的江西书院文化在新时代再度兴盛，是江西人民的共同愿望。

江西书院的千余年历史，蕴含了宝贵的经验与启示，为今天的文化自觉提供了思想养料。改革开放以来，江西不少现存的书院先后被列为各级文物保护单位，同时，各地也加快了古代书院的修复与重建工作。

除了对古代书院的保护，江西书院学术研讨热烈且频繁，包括"鹅湖会讲""白鹿讲坛"等等。此外，江西省书院研究人员近年来的研究成果斐然，对于将传统文化与现实需求相结合，提供了很好的实践路径。

书院旅游极为丰富多彩。书院往往依山傍水建造，它们隐藏于山林，院内古木参天，文化积淀厚重。置身书院，与古人在这自然与人文融合的特殊景观中对话，别有一番趣味。

戏曲文化
XIQU WENHUA

江西的戏曲文化，根植于赣鄱人民心中，是与自然的相感相生，是源自远古血脉的传承。江西省现存活态戏曲剧种33个，其中本土戏曲剧种24个。北宋时综合了说唱、散乐、杂耍和滑稽调笑等艺术形式的宋杂剧出现。南宋时鄱阳人洪迈写了一部百科全书式的志怪集巨著《夷坚志》，其中描述了宋杂剧在江西的演艺活动。元末明初的弋阳腔，以大锣大鼓伴奏，颇具古越族特色。与此同时，元杂剧也开始盛行，尤其是周德清《中原音韵》和朱权《太和正音谱》这两部元杂剧理论典籍出现在江西，促使赣鄱地区成为元杂剧演剧中心。清初，在抚州宜黄诞生了宜黄腔，受其影响，随之产生了饶河戏、宁河戏等十几个江西原汁原味的地方剧种，辗转流传。由茶文化孕育的采茶戏，植根民间，喷涌出赣南采茶、高安采茶等17个采茶戏剧种，风靡赣鄱大地。

　　赣籍戏剧大宗师们在逆境中谱写传奇：周德清一介布衣，魏良辅十年足不下楼，汤显祖屡遭坎坷磨难，蒋士铨力弘节义之邦。他们为中国戏曲艺术和世界戏剧文化，留下了无数经典和不可估量的精神财富。江西古戏台的生命之源在广阔农村，如今有的饱经沧桑、古拙质朴，有的画栋雕梁、金碧辉煌，它们默默矗立，诉说着曾经的人山人海、锣鼓喧天。今天，江西的艺术工作者继续为传统的古剧曲目谱写新声，让江西的戏曲文化走出江西，扬帆远航。

弋阳腔《牡丹亭·游园》剧照

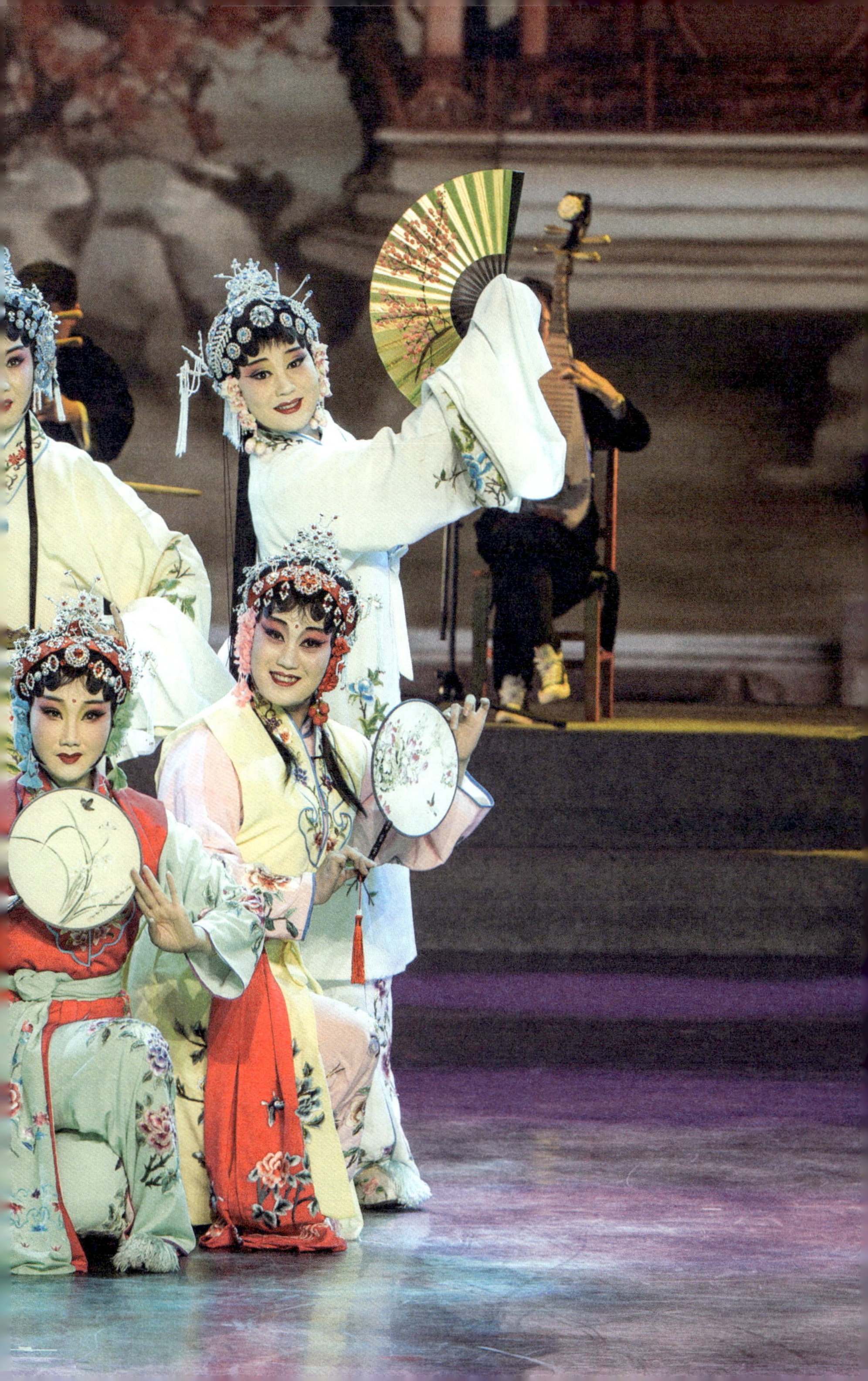

一、弋阳新腔

南戏，产生于北宋末年的"宣和年间"和"南渡之际"的浙江永嘉（今浙江省温州市），当时又称"永嘉杂剧""温州杂剧"或"南宋戏文"。抹去岁月尘埃，人们惊奇地发现，南戏诞生不久，它便流传到了江西。这为弋阳腔的脱颖而出，做了最为稳妥的铺垫与安排。

弋阳紧邻贵溪，山峰并峙，江水同饮，人文一脉。龙虎山正一道的音乐十分丰富，尤其是正一道的经腔，锣钹齐鸣，悠扬清丽，流传极广。弋阳腔与正一道音乐有着非常密切的联系。正是这种"道士腔"的旋律和打击乐的形式，对弋阳腔音乐模式的最后定型，起了决定性的作用。

弋阳腔是继南戏、元杂剧之后产生的又一支新型声腔。它一经出现，便迅速传播到全国各地，恰似星辰满天，明亮闪烁。昆腔之祖魏良辅的《南词引正》，介绍了弋阳腔流变的情况。早在元代末年，安徽、江西、福建便盛演弋阳腔。明初永乐年间，弋阳腔传播到了云南和贵州。弋阳腔的产生意义非同凡响，它不仅填补了中国广大农村长期处于文化荒漠的空白，而且改变了中国戏曲的格局与走向。大俗和大雅相争的结果，促进了戏曲文化生态平衡的良性循环。

在中国剧坛上，青阳腔或是一支最为奇特的声腔。它那大起大落和变幻莫测的经历，吸引不少人想对它探寻一番。明嘉靖年间，弋阳腔流传到安徽青阳县时，与当地流行的余姚腔和本地民歌小调相结合，从而产生了一个新的声腔——青阳腔。青阳腔是弋阳腔与后来"高腔腔系"之间的转折和中介，地位非常重要。刚诞生的青阳腔朝气蓬勃、活力四射，不仅直接传承了弋阳腔那种独特的古朴、粗犷、遒劲与豪放的表演风格，而且还直接演绎了弋阳腔最早演出的剧目《目连救母》，使之更为规范和精彩。后来，青阳腔在不断实践中，加入竹笛伴奏，使其音乐又具有细腻婉转等特点。

弋阳腔的流变与传播非常迅速。从地理环境看，弋阳是福建和浙江的通关要道。无论陆路还是水路，弋阳都是来往两地的必经之道。所以，弋阳县成为南戏目连戏在江西流动的驿站和嬗变之地。当南戏在此完成它对弋阳腔的"过渡"和"易腔"之后，弋阳，这块神奇的土地，又以其巨大的能量与张力，以一种向四周辐射的态势，推动弋阳腔向外扩散与传播。

二、赣戏采茶

宜黄是一座典型的山区小城，相比于水陆通衢的弋阳，这里是封闭阻塞的。然而，正是这种闭塞，千百年来，成就了它作为"戏窝"而享誉海内外的地位。进入清代，随着曲牌体（长短句）的衰落，一种全新的板腔体（整齐句）的戏曲声腔——宜黄腔冉冉升起。它和湖北西皮腔合流，形成皮黄腔。这种新型的腔调辗转流传，被竞相仿效，在极短时间内风行于大江南北。与此同时，采茶戏也盛行于赣鄱大地。

宜黄，建县于三国吴太平二年（257年），距今已有1700余年历史。因县治设在宜水、黄水交汇之处而得名。南丰傩和南丰的南戏沿着宜水可直达宜黄县城。宜水的中段有座名镇——棠阴，是南丰、宜黄两县往来的必经之所。棠阴镇码头林立、商贸繁荣，让夏布畅销全国各地，而各种跑码头的民间戏班也在这里集散。

宜黄腔的崛起，促使江西戏曲迅猛发展。受宜黄腔的影响，江西产生了一大批以河流、地域为名称的剧种，如信河戏、饶河戏、抚河戏、东河戏、宁河戏、吉安戏、西河戏等。河路即戏路，戏班大多喜欢乘船，条件好一点的自己雇船，次等的则把戏箱分散搭载鸭尾船（专门运送松柴的船），沿着河流遍及赣鄱大地。其班社林立，如雨后春笋。据不完全统计，当时江西各地专业班社达180多个。这些戏班多唱宜黄腔，剧目也多出自宜黄腔，如《清官册》《三官堂》《打金冠》《奇双会》《双救驾》等。

江西是采茶戏的故乡。采茶戏由采茶歌发展而来。茶，是客家民系赖以生存的物质基础；茶文化，是客家民系不可或缺的精神需求。浮梁，是江西重要的茶叶生产基地。至两宋，主要茶产区分布于赣北、赣东和赣南，几乎遍及全省。江西采茶戏的孕育、萌芽、形成与发展，离不开赣鄱大地茶文化这块肥沃土壤的培植与滋润，它们之间是相互依存与补充的关系。采茶戏的历史虽然较短，但从茶文

采茶戏《牡丹亭》剧照

化这个角度看，似乎可追溯到古代早期的饮茶文化。因此，江西采茶戏在当代戏剧文化发展中，仍然保持着一种强劲的势头。

极富乡土特色的采茶戏，是一种充满生活气息的地方小剧种。它植根民间，风行全省各地。其种类繁多，如赣南采茶戏、赣东采茶戏、抚州采茶戏、吉安采茶戏、宁都采茶戏、袁河采茶戏、万载花灯戏、高安采茶戏、南昌采茶戏、武宁采茶戏、九江采茶戏、景德镇采茶戏、赣西采茶戏和萍乡采茶戏等，各地小有不同。

三、宗师传奇

江西戏曲的繁盛，与人才辈出相互映衬，构成一幅独特精妙的赣鄱戏曲文化的历史长卷。赣籍戏剧大宗师们不屑财富与名望，用一支传神之笔屹立文化潮头，充满一种忘我的战斗激情，推动着中国戏曲文化的波涛滚滚向前。

天下正音周德清　周德清（1277—1365年），字日湛，号挺斋，高安县（今高安市）人。周德清系北宋哲学家周敦颐六世孙。周德清18岁起便从事乐府（散曲）创作，一生作品颇丰，但多数散佚，见诸《朝野新声太平乐府》的仅有小令31首、套数3套。他的专著《中原音韵》是我国最早一部全面论述北曲体裁、技巧和韵律的著作，是明清两代曲韵学的奠基之作。

昆腔曲圣魏良辅　江西戏曲与昆腔有着千丝万缕的联系。魏良辅（1489—1566年），字师召，号此斋，晚年号尚泉、上泉，又号玉峰，江西南昌新建县（今新建区）沙田魏村人。他自幼性好音韵、乐律之学，又具歌喉天赋，是位精通音乐的行家里手。他对家乡盛行的弋阳腔颇厌鄙，却喜爱北曲，而江西又是北曲在南方的演剧中心。元周德清《中原音韵》和明初朱权《太和正音谱》是两部阐述北曲的著作，均出于江西。这为魏良辅积累北曲音韵知识打下了良好基础。魏良辅吸收海盐、余姚等腔及江南民歌小调，对昆山一带的南曲进行加工整理，并将南、北曲融为一体，又将慢曲以再慢一倍的节奏进行演唱，同时在缓慢的旋律中增加一些装饰性的花腔，使其在舒展起伏的行腔中，显得特别婉转缠绵。此外，魏良辅又对发声吐字的方法进行了优化，调整伴奏乐器，让昆曲雅化。魏良辅由此名震曲坛，被誉为"国工""曲圣"，乃至"南曲鼻祖"和"立昆之宗"。

文化巨宗汤显祖　在明代剧坛上，汤显祖像一颗璀璨明亮的星辰。汤显祖（1550—1616年），字义仍，号若士，别署清远道人，临川人。他出身于书香门第，家中藏书十分丰富，仅元曲杂剧就有上千种，祖辈和父辈大都有弹琴拍曲的爱好。汤显祖耳濡目染，自幼学习诗礼，受戏文曲艺熏陶，这为其日后的戏曲创作打下了良好基础。他所作"临川四梦"（《紫钗记》《牡丹亭》《南柯记》《邯郸记》四部传奇）的问世，犹如一股强劲的春风，吹开了人们的心扉，透进清新的空气，给人以激荡、遐想、沉思与启迪。21世纪伊始，联合国教科文组织把汤显祖列为"百位世界文化名人"之一。

藏园丰碑蒋士铨　蒋士铨（1725—1785年），字心余、苕生，号藏园，又号清容居士，晚号定甫，江西铅山人。近代梁启超评

抚州汤显祖纪念馆雕塑

价他是"中国词曲界之最豪者"。如果说,明末汤显祖是中国剧坛传奇文学的第一座高峰,那么,清中叶蒋士铨则是古代昆腔传奇进程中的最后一座里程碑。在他的戏剧中,无处不流淌着一种对家乡的眷恋和对江西文化的热爱。

四、古老戏台

古戏台是江西最具特色的文化遗产之一。江西早在南宋时期便出现戏台的雏形,宋代盛行一时的"瓦子勾栏"也曾风靡江西大地。江西现存古代戏台238座,主要集中在上饶、景德镇、抚州等地,其中古戏台大县有乐平、南丰等。玉山县东岳庙有"戏舞亭",乐安县招携乡有"瓦子场",南昌闹市区至今仍保留着"瓦子角"这一地名。滕王阁,自元末明初以来,这座宏伟的建筑便由歌舞之地转为戏曲演剧之所。朱权创作的《冲漠子独步大罗天》等12种杂剧,首先便是在滕王阁上演出。最为盛大的一次演出是在明万历二十六年(1598年),宜伶名角王有信出演《牡丹亭》,观者如潮,道路为之堵塞,车马不能通行。乐平现存的戏台中,始建于明代的有2座,清代的有77座,堪称"中国古戏台博物馆"。

祠堂悠悠 明代朝廷允许民间联宗立祠。明中叶以后,江南各省望族宗祠遍及天下。祠堂建筑迅速发展,与乡里的书院、文会、社屋、戏楼等文化建筑组成宗族祭祀、社交、娱乐活动中心。江西宗祠凡祠堂建筑,戏台是必不可少的重要组成部分,所谓"无祠不台",这是赣人非常熟

乐平古戏台

悉的谚语。江西各地，每姓一祠，每祠一台，规模之大，令人惊叹。

庙宇巍峨 晋唐以来，江西佛道兴盛，佛教的五宗七派和道教的天师正一道、许真君净明道的创宗立派都在赣鄱大地完成。庙宇戏台的兴起，真实反映了乡民市人的需求和社会风尚的形成。入明以后，江西各地寺庙林立，大都建有砖木结构的庙宇戏台，如南昌万寿宫、白马寺，高安关帝庙、老子庙、忠济庙，上饶白云殿，赣州慈恩寺，河口真君庙，吉水大禹庙，泰和康王庙、石台寺，等等。戏台多与大殿相对，中隔场院，相距甚远，有的则独立庙外，年长日久，常有庙毁而台存的现象。台基为砖石实垒，不追求规模宏大壮观，不注重装饰，多为单檐歇山顶式。其演出戒规极严,每年必请大班演出两至三次,称"庙会戏",剧目多为忠、孝、节、义历史故事,弋阳腔历史连台本戏最受欢迎。

万年遗风 万年戏台,是赣鄱大地乡镇农村最普遍最常见的一种戏台。又称"露天戏台""风雨戏台"或"街圩戏台",多建筑在村头或街圩的空阔之地,古拙、坚固、无雕饰、单翘檐,呈三面观式。它的出现冲破了村、乡乃至宗族的界限。和祠堂戏台的功能相反,它是一个或几个村庄的群众的观剧场所,其观众总是数以千计。自明末至清末,万年戏台大兴不绝。其中出现三次建筑高潮:第一次是明万历年间,第二次为清乾隆年间,第三次在清同治、光绪之际。尤其是清乾隆以后,随着皮黄诸腔的勃兴,班社活动的频繁,万年戏台如雨后春笋般出现,目前尚存的具有保留价值的就有百余座。

五、新声远扬

"等闲识得东风面,万紫千红总是春。"这是朱熹描写春日的两句诗。中华人民共和国成立后,江西戏曲近千年来那种自生自灭的"定律"得到彻底改变。今天,艺人们以文艺工作者的身份进入一个新时代。

谈及中华人民共和国成立后江西戏曲文化的蓬勃发

赣南采茶戏《八子参军》剧照

展，石凌鹤（1906—1995年）是一位绕不过去的人物。他既是文学家、戏剧家，又是中华人民共和国成立后江西省文化局首任局长，兼省政府文史研究馆首任馆长。在江西戏曲文化底蕴提升、江西戏剧团体改革重组以及江西戏曲传承与发展等方面，石凌鹤做出重要贡献。

1951年,石凌鹤组建"江西省赣剧实验剧团","赣剧"之名由此诞生。此后,赣东北一带各市、县的"信河班""饶河班",也纷纷以"赣剧"命名。1958年,弋阳腔发源地弋阳县正式成立"弋阳腔剧团"。1959年,省文化局决定把青阳腔纳入赣剧系统,成为赣剧中一支与弋阳腔并列的独立的声腔。江西省赣剧团是弋阳腔、青阳腔艺术实验基地,先后排演出一批经典剧目,如《还魂记》《珍珠记》《西厢记》《西域行》(即风行一时的"三记一行")、《荆钗记》《窦娥冤》《还魂记后传》以及改编的汤显祖"临川四梦"等,都是经典剧目,取得了令人瞩目的成就。

中华人民共和国成立后采茶戏焕发了勃勃生机。采茶戏的特性本来就是贴近生活,更多地反映乡村的家长里短。健康活泼、意气风发、洒脱明快的表现形式成为采茶戏新的主轴。

江西戏曲文化,始终离不开民间的条件和地域环境,从而构成一种代代相传的文化生态景观。中华人民共和国成立初期,全国的戏曲艺术人才大批出现、蔚为壮观。此后一代接一代的艺术家们以其精湛的技艺,推动着戏曲艺术强劲发展。

在新的时代转型时期,江西戏曲文化的发展又具有新的特征:一方面,非物质文化遗产的强力保护,让传统艺术有了政策支持;另一方面,新一代的人才传承,为新时代传统艺术的发展注入新鲜血液。此外,信息传播的高速发展，开启了大戏剧的交流时代，国际国内的交流互通让戏剧焕发生机。这一切，表明当代江西戏曲文化进入一个新的发展阶段。

2003年，国家启动了民族民间文化（非物质文化遗产）保护工程。截至2023年，赣剧、弋阳弋阳腔、湖口青阳腔、广昌孟戏、江西目连戏、宜黄戏、赣南采茶戏、婺源徽剧、万载开口傩、星子西河戏、高安采茶戏、抚州采茶戏、吉安采茶戏、德安潘公戏、赣县东河戏、修水宁河戏、永修丫丫戏等17个项目已入选国家级非物质文化遗产，让这些戏剧表演艺术家可以专心致志地进行具有研究性的传承和创新。

江西的传统戏曲在中国戏曲发展史上的地位与价值是毋庸置疑的，它们以一种生动性和包罗万象的涵盖性，凸显了民俗学的精髓。

农耕文化
NONGGENG WENHUA

江西地处长江中下游南岸，有发展农业生产的良好自然条件，可谓"天赐江西"。这里有现今所知世界上年代最早的栽培稻遗存——万年仙人洞和吊桶环考古遗址。这里出土的距今20000年的陶器碎片和距今约12000年的稻植硅石表明，那时的江西先民就在此生活并开始驯化野生稻，是目前世界范围内已知最早的稻作农业证据。靖安老虎墩下层遗存中发现了确定的驯化稻遗存，年代距今约8500—7600年，对研究早期稻作农业社会形成具有重要意义。

新干大洋洲商墓出土的青铜农具和新干战国大粮仓考古遗址，表明江西的先民们在上古时期不断发展稻作农业。从汉代至清代，江西的水稻耕作技术不断完善，堪称"中国农耕技术的典范"。江西物产丰饶，这里有曾经上贡朝廷的万年"贡米"、南丰"贡橘"、铅山连四纸等，有行销大江南北的万载夏布、南安板鸭、赣南脐橙等。悠悠赣茶香飘千年，名茶与茶艺、茶俗、茶歌、茶剧一起增添了江西魅力。充满智慧的农俗，用乡规民约保护生态，多熟种植和巧用水力等，展现了江西先民的勤劳睿智。当代江西的农业，传统与现代结合，发展了绿色生态有机农业和旅游休闲农业，并正与互联网技术结合，向着智慧农业迈进。绿色正托起江西的明天。

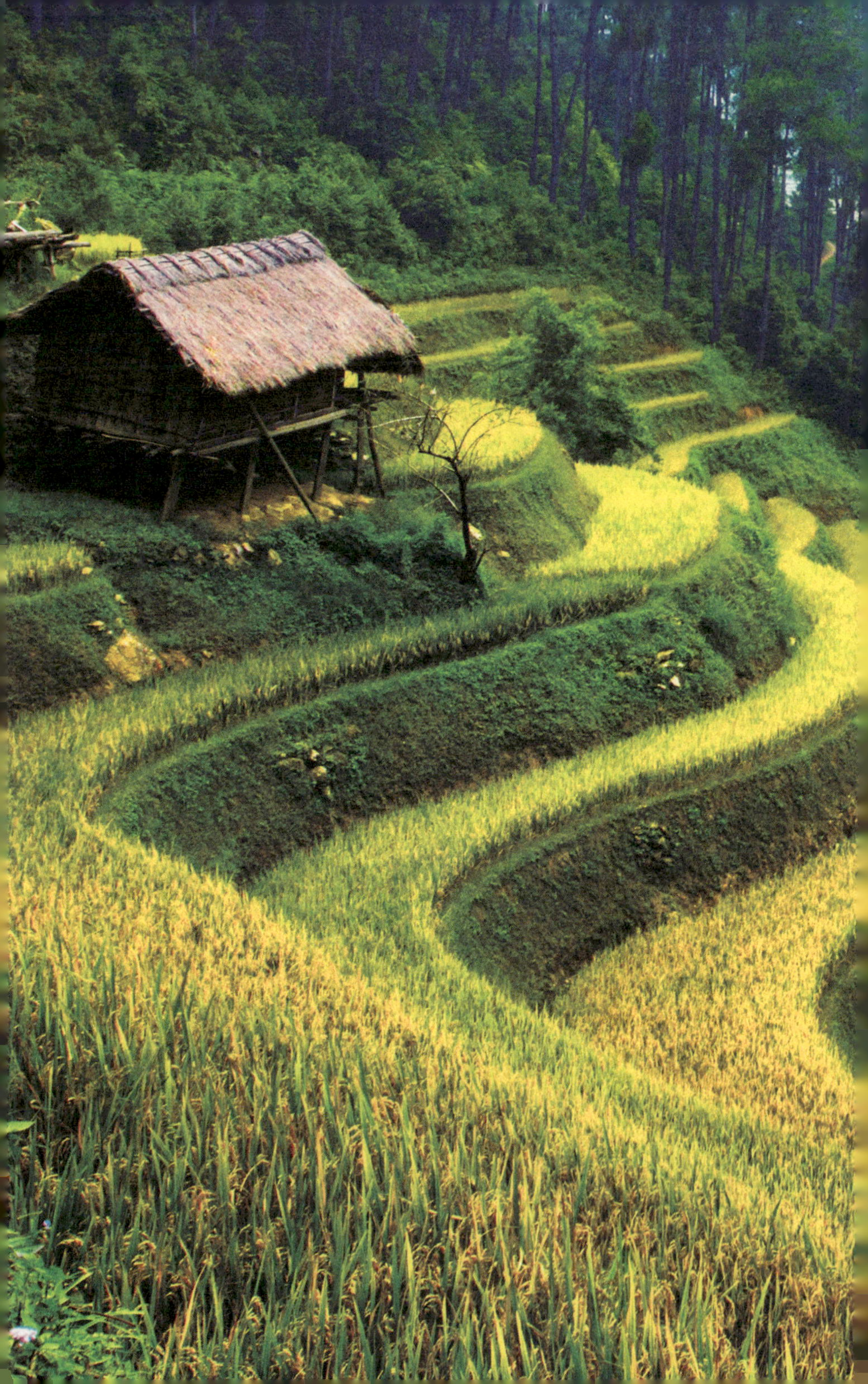

奉新梯田谷

一、稻作起源

水稻、玉米、小麦是人类主要的粮食作物。全世界一半以上的人口食用稻米。水稻的种植遍布东亚、东南亚、美洲、欧洲南部和非洲部分地区。稻作对人类文明的发展做出了巨大贡献,是人类文明的重要基石。

20世纪90年代,江西万年县仙人洞和吊桶环遗址的考古发现,改写了史前稻作起源的历史,学者们认识到位于长江中下游的江西是中国稻作起源和稻文化起源的中心之一。在遗址中,发现了被称为"中国第一罐"的陶罐,其中装盛有稻植硅。经考证,这个陶罐出现的时间距今20000年,进一步证明,早在20000年前仙人洞人已在此居住并开始驯化野生稻。

结合长江中下游的其他考古发现,人类早期食用稻米与培植水稻的历程便清楚了:在距今20000—10000年前,人类已经开始了野生稻的采集及驯化;随后在距今10000—8000年前,人类同时进行野生稻采集和栽培稻

收获；最后在距今 7000 年前左右，栽培稻成为人类的主要食物。赣鄱地区是亚洲乃至世界稻作农业重要的发祥地之一，见证了稻作由野生逐步被驯化的整个过程。

二、耕作技巧

远古的仙人洞稻作文明，经过漫长岁月的孕育，爆发出基于农业耕作之上的商代新干青铜文明的灿烂。而新干战国大粮仓的发现，更彰显了赣鄱先民不断累积的耕作智慧。距今 2300 年左右的战国中后期，赣鄱先民和全国许多地域的先民一样，已懂得使用铁制农具耕作，大大提高了耕作效率。西汉时期铁制农具的普遍使用以及被推广的牛耕，让农业耕作技术得到进一步加强。经过两汉、魏晋、隋唐近千年的精细化完善，在北宋时期，赣鄱先民已掌握了一套适合南方水田的精耕细作技术。从那时开始，赣鄱农耕智慧让关注农业耕作的赣鄱文化

万年水稻

精英孜孜以求，撰写出不朽的农耕著作。

　　江西出土的最早的铁器是春秋末战国初的少量铁器，如九江出土的铁锤残器、武宁出土的铁斧等，表明那时赣江下游一带的先民已开始使用铁器。到战国中晚期，江西和全国许多地区一样，发现铁器的数量逐渐增多，且分布的地域更广，一定程度上反映出铁器的使用更加普遍。江西各地出土的战国中晚期铁制农器有铁斧、铁锄、铁镰等。两汉时期（前202—220年），铁制农具在江西的农业生产中使用已较为广泛，江西各地墓葬都有斧、锄、锤、铲、耨、锤等铁制农具出土。

　　江西地区长期以来盛行"水耕火耨"的耕作方式，即放火焚烧杂草后放水耕作。这是一种很原始的耕作方法，但又适用于南方耕作。直到唐代，牛耕技术才在赣鄱地区得到推广。从唐代直至近现代，牛耕所用的江东犁在包括江西在内的广大地区的农业耕作中发挥了重要作用。宋元时期，赣鄱地域的稻作与南方大多地区一样，形成了既适合于南方地理环境又非常成熟的精耕细作技术，集中表现在整地、育秧和田间管理三个方面。这三个方面相辅相成，形成了一套完整的作物栽培技术。

　　在漫长岁月里，赣鄱先民一步步地探索、一点点地积累，从农具的制作和使用，到水稻品种的培育和选择；从耕作技术的不断改进，到天时地利的不断运用。在宋代，虽然士子们大多醉心于科举仕进，但也有个别文化精英将目光投向了田野，聚焦于农耕。他们知道农业于国计民生是多么重要！他们开始将赣鄱先民长期积累的农耕智慧述之于文字，以期启迪后人，有助于农业生产。于是，有了赣鄱智者留下的几部不朽的农学著作，如北宋曾安止的《禾谱》、中国历史上第一部农具专著——南宋曾之谨的《农器谱》、"17世纪中国工艺的百科全书"——明代宋应星的《天工开物》与明清时期南方农耕技术的结晶——清代刘应棠的《梭山农谱》。

三、物产丰饶

公元675年，大唐才子王勃（约650—约676年）路过洪州（今南昌），参加当时洪州的最高长官洪州都督举办的宴会。在满座高朋的注目下，他一气呵成，写下千古名篇《滕王阁序》。文中称洪州"物华天宝""人杰地灵"，这是王勃发自肺腑的感叹。回顾江西的历史，放眼当代的江西，不得不佩服王勃的神来之笔。江西的物产之丰饶，堪称"物华天宝"；江西的人才辈出，可称"人杰地灵"。物产之丰饶，在古代表现为历代进贡朝廷的贡品多以及商品贸易的繁荣。且不说著名的景德镇瓷器，以农产品为例，有贡米、贡茶、贡橘等；以农业加工产品为例，有贡布、贡纸等。当代农产品中，江西的名牌农产品众多，如万年稻米、南丰蜜橘、赣南脐橙等。

万年水稻 在世界稻作起源地之一的江西省万年县，有12000多年的人工栽培稻历史。当地的稻种经过上万年的育种驯化，稻株高，谷芒长，底蕴深厚，品质上乘。它们生长在山坳或山间盆地的稻田中，被富含矿物质的山泉水滋润着，被适宜的日光照耀着，生长周期长，一年只一熟。

南丰蜜橘 南丰，位于江西东部。这里的丘陵与山地广布红壤土。这种泥土以残积、坡积酸性结晶岩风化物、酸性结晶岩、石英砂岩和泥质岩为主，富含磷、钾等元素，土质疏松，特别适宜于种植柑橘。南丰蜜橘，果实金黄，肉质嫩滑，口味浓甜，芳香扑鼻，让人沉醉。

万载夏布 上古时候江西先民就发现苎麻皮和苎麻秆之间的纤维可以织布，用于制作衣服、蚊帐、袋子等。用麻纤维织成的布，质地柔软，透气舒爽，触感舒服，易洗涤，不变形，还吸汗，特别适合制作夏天穿的衣服。因此，这种布被称作"夏布"。

铅山连四纸 江西气候温和、雨量充沛，特别适合竹木生长。铅山的连四纸，就是以竹纤维为主要原材料制作的。连四纸表面细腻光滑，质地精细柔软、薄而均匀，颜色洁白如玉，经年不变色，还有防虫耐热、着墨鲜明、吸水易干等特点，成为印刷书籍、书法绘画的高档文化用纸。

赣南脐橙 赣南地区山地丘陵较多，这里典型的亚热带湿润季风气候适于柑、橘、橙、柚的种植。红土地中富含的多种微量稀土元素，对果实色素的形成，提高糖分、维生素C、香气的含量等方面都有突出作用。赣南脐橙果大形正，橙红鲜艳，光洁美观，肉质脆嫩、化渣，风味浓甜芳香。

四、科学种植

伴随着农耕生活，农业智慧不断产生、走向科学，并化作农业习俗表现出来。科学施肥，多熟种植，用乡规民约保护生态，创制农具以巧用水力，修筑水利工程以抗灾防灾等，体现了劳动人民的智慧。用乡规民约维护基层社会和谐稳定和保护生态，虽然不是江西人的独创，但江西人将上古承传的智慧持续发扬。

巧施农肥 除用猪粪、牛粪等生态肥料肥田外，明清时的江西人还独创了用绿豆粉、黄豆和烟梗等肥田的方法。这些方法既不损害环境，又有很好的肥田效果。明代江西奉新人宋应星所撰《天物开物》中记载，当时江西有些地方用绿豆磨成粉，加水发酵成浆，泼洒于稻田，肥田效果很好。在黄豆丰收的年份，将黄豆洒于稻田。沤烂后的一粒黄豆，可肥田三寸，稻谷产量将是平常的三倍。今天，江西赣南及其他有些地方仍然沿用这种绿色、可持续的绿豆粉和黄豆肥田法。

多熟种植 明清时期，江西乡民为了缓解因移民涌入带来的粮食不足问题，一方面从外地引种如番薯和玉米等旱地杂粮，另一方面创新了水稻双季耕作制度。玉米和番薯可以种植在不适宜

南丰蜜橘

万载夏布

铅山连四纸

赣南脐橙

水稻种植的丘陵山地，既提高了土地利用率，又提高了粮食产量。水稻双季耕作，即七月收早稻之后接着种晚稻，十月、十一月收割。此外，还有水稻和豆类间作的形式，即在种稻的同时，在田埂地沟种红豆、豇豆、绿豆、豌豆等，也是提高土地利用率的方式。

巧用水利 江西是一个自然灾害比较多的地区，以水旱灾害为最多。江西的劳动人民在长期的生产劳动和与自然灾害做斗争的过程中，创造了一系列抗灾减灾的方法，其中最为主要的是创制水利工具和修筑水利工程。长期以来，在江南水乡广泛应用的取水工具和水力工具，有水车（翻车）、筒车、水转翻车、水碓、水磨等。这些富有智慧的创造发明未必都是江西人的发明，但在江西的广大农村广泛应用，对农业生产起了重要作用。古代江西最具代表性的大型水利工程有泰和的槎滩陂，抚州的千金陂，地跨宜春市奉新县、靖安县和南昌市安义县的潦河灌区以及崇义的上堡梯田。这些古代水利工程都被列入世界灌溉工程遗产名录。

五、农业新篇

绿色成就了江西的昨天并正在托起江西的今天和明天。江西农业的绿色之美，表现在江西的粮食生产长期以来对国家做出了重要贡献，生态有机农业走在全国前列。传统农业与现代互联网技术的融合，让智慧农业持续高水平发展。农业与旅游的结合，则丰富了人们的休闲娱乐生活。

改革开放以来，江西的粮食供应由原来的普遍短缺发展到供求平衡、粮食丰富阶段。江西省委、省政府对粮食工作高度重视，明确提出"江西粮食主产区、粮食调出省的地位不能动摇，江西对国家粮食安全的贡献不能动摇"的农业方针，通过实施严守耕地底线、高标准农田建设、粮食安全省长责任制等一系列举措，继续为保障国家粮食安全发挥重要作用。长期以来，江西以占全国 3.3% 的人口、2.3% 的耕地面积，生产了占全国 3.6% 左右的粮食。

生态农业　绿色、有机、生态是现代农业的必然要求，是世界农业的发展大趋势。江西采用有机生态种植和饲养技术，不使用有污染的人工合成的化学肥料和农药，使得环境和谐，污染破坏少，能长期可持续发展。

进入 21 世纪以来，我国加大了发展绿色有机生态农业的力度。江西地处亚热带，有充足的雨量、光照，"六山一水二分田"大都远离工业集中、污染较重的城市，许多农村的水源、土壤、空气等未受污染或受污染较少，适合发展有机农业。江西绿色有机农业的成绩主要表现在：有机农产品数居全国第一，绿色有机农业基地数居全国第一。江西绿色有机农业形成了一些全国之最：婺源有全国最大的有机绿茶生产基地，进贤有全国最大的有机茶油生产基地，信丰有全国最大的有机脐橙基地等。江西有机的生态将把更多"精、专、特、新"的绿色有机农产品输送到全国乃至世界，江西的绿色有机农产品将为保证国家"舌尖上的安全"做出更大贡献。

融合互联 互联网技术是当代最重要的技术之一，与当代人的生产、生活息息相关。江西农业正融合5G、大数据、云计算、人工智能等新技术，悄然引领社会生产新变革。从井冈山的茨坪小镇益农服务社到都昌晨晖农场的中央厨房，从于都万亩智能化蔬菜基地到国家级田园综合体凤凰沟，一场聚焦新模式、新技术和新业态的农业现代化建设浪潮正席卷着整个赣鄱大地。

休闲农业 休闲农业是指利用田园景观、自然生态及环境资源，结合农林渔牧生产、农业经营活动、农村文化及农家生活，以提供群众休闲、增进群众对农业及农村的生活体验为目的的农业形式。这种农业形式作为一种产业，兴起于20世纪三四十年代的意大利、奥地利等国，随后迅速在欧美国家发展起来，并影响了东亚各国。江西山水优美、古村众多，绿色与古色交相辉映，新风与古韵相融相生。虽然江西的休闲农业起步较晚，但近年来发展快速，特别是2016年习近平总书记视察江西时提出"让农村成为安居乐业的美丽家园"的战略目标后，江西将休闲农业发展与美丽乡村建设相结合,取得了很好的成绩。

江西有 5000 余家休闲农业企业,其模式有休闲观光园、休闲乡村、农家乐、乡村民宿等,江西全省各类休闲农业经营主体占全国总数量的 9.3%。休闲农业日益成为江西的重要产业。

商业文化
SHANGYE WENHUA

在漫长的历史时光中，江西人民创造了巨大的物质财富和宝贵的精神财富，形成了独具特色的商业文化。江西在古代中国商业网络中，具有十分重要的位置。在陆上和海上丝绸之路的形成与发展过程中，江西是全国商贸的重要交通枢纽。明代中后期，新兴的工商业市镇不断涌现，为区域经济的发展注入了新的活力。景德镇、樟树镇、河口镇、吴城镇等特色型商业市镇的崛起与兴盛，在当时的全国工商业中具有举足轻重的地位。明清时期，江右商帮以其人数之众、分布之广、操业之多、渗透力之强，为世人瞩目，成为中国历史上"十大商帮"之一。以"万寿宫"命名的江西会馆有约 2000 座，遍布包括北京、上海等在内的全国 20 多个省（自治区、直辖市），以四川居多，新加坡、马来西亚等东南亚华人地区也有万寿宫的印迹。万寿宫既是江右商帮财富与实力的体现，也成为江右商帮乃至江西的文化符号。当代赣商秉承"厚德实干、义利天下"的精神，以自己的智慧、才华和坚韧品格，不断推动企业做优、做强、做大，努力续写赣商新的辉煌。

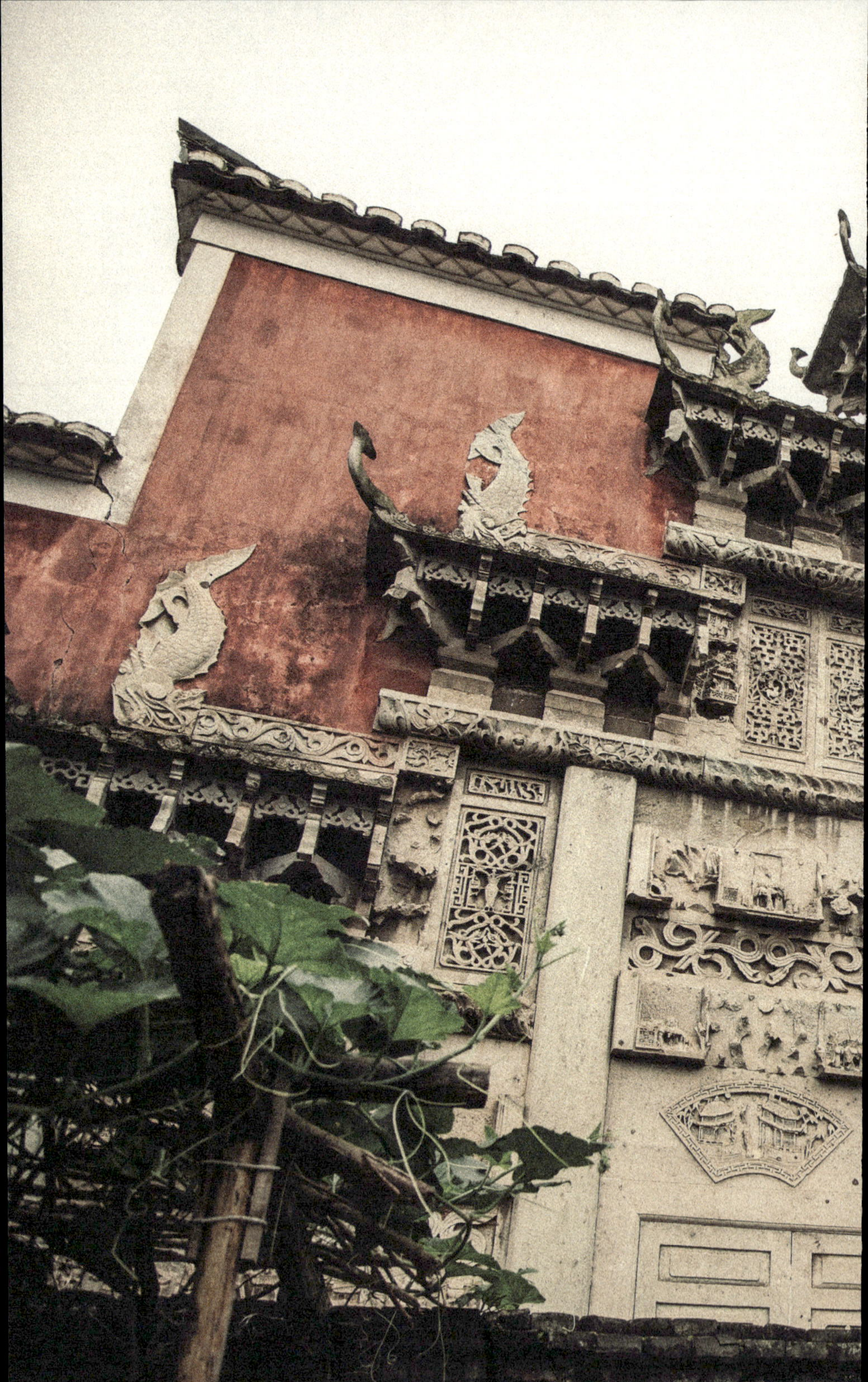

抚州玉隆万寿宫

一、江右商帮

唐宋时期,江西逐渐成为国内经济文化的先进地区。从元末明初开始,成千上万的江西人口先是涌向湖南、湖北,继而涌向四川、云南、贵州及其他地区,形成了影响中国历史数百年之久的浩浩荡荡的移民大潮。历史上,这股移民大潮被形象地称为"江西填湖广""湖广填四川"。与江西相邻的湖广(今湖南、湖北)是江西移民首先"填"的地区。进入湖广的江西移民,有的在湖广停下了脚步并永久留在了湖广。他们和当地原有的居民一道,对两湖地区的经济与文化的发展做出了重大贡献;有的没有停下步伐,一路向前,继续向四川、贵州、云南以及其他地区进发。在"江西填湖广"的同时,又出现了"湖广填四川"的盛况,其中,江西移民或其在湖广的后裔又是主体。他们和当地居民与其他地区的移民一道,对于中国大西南的开发,起了极其重大的作用。

随着经济文化的发展和中外文化的交流,至少从南宋开始,有众多江西人通过各种方式,远涉乃至定居海外。元代汪大渊通过《岛夷志略》,让人们见识了当年江西人的足迹所至。汪大渊(1311—? 年)自称"豫章"人,研究者一般认为其是元代隆兴府(今南昌)人。他曾两次远洋航海,航迹遍及东亚、东南亚、南亚、西亚、印度洋和地中海,被西方学者称为"东方的马可波罗",

为中华航海第一人。南北大运河通航之后,江西是海上与内陆商业流通的枢纽。由于瓷器长期外销,江西一些地方形成了出海经商之风。鸦片战争前后,受全国风气影响,江西向海外移民更加频繁,而且不限职业。江西在海外移民和遍布东南亚的江西商人,对中外商品贸易和文化交流产生了重要的影响。

江西移民中产生了大批的工商人口,他们迅速流向全国各地,占领了相当大的市场,形成明清时期"十大商帮"之一的"江右商帮"。

明清文献中,关于江西人口赴外地经商的记载比比皆是。明末清初文学家徐世溥说,南昌府的人,到湖广经商,犹如跨门过庭。明清时期湖广流行着"无江西人不成市场"的民谚。江西商人的足迹遍布祖国大江南北,即便如辽东、甘肃、西藏乃至异域,江西商人也携货往返。

二、商道通畅

在古代中国商业网络中,江西具有十分重要的地理位置。水路经由长江入鄱阳湖,进赣江溯流直上到达赣州,再由陆路过大庾岭直抵岭南的广东地区,这条线路是中国古代南北贸易的大通道。

自秦对百越用兵开"新道"后,江西开始进入全国交通网络,并从此成为南北交通的中枢之一。至隋炀帝开通大运河,张九龄开凿大庾岭,江西才成为南北交通大动脉的重要枢纽。江西优越的交通区位优势,推动着商业贸易和经济水平的发展。江西贩运商业也因此迅速发展起来。江西通过长江水系和大运河交通运输网络,由区域性交通而融入全国交通运输网络之中,成为福建、广东、广西、湖南等省区通达运河的要道和物资运输的重要集散地。

"运河—长江—鄱阳湖—赣江—章江—北江—珠江"这一"黄金水道"在相当长的时间里,是沟通南亚等海外地区的主要通道。南亚等海外地区的许多物资,也经由这一通道运至洛阳、开封、北京。许多海外商人经由这一通道进入中原,因此晚唐以后江西也有许多外国商

江西省博物馆展陈的陶瓷贸易场景

人活动。直到清朝中期，南北交通大动脉中心仍在江西，这种格局并无大的变化。正是这条南北通道，为江西提供了快速发展的区位优势，江西开始成为中国经济文化的发达地区。

第二次鸦片战争之后，五口通商，九江开埠，列强进一步深入中国内地，外国轮船在长江自由航行，对中国进行资源掠夺。全国主要商路和贸易格局发生了重大改变。我国出口的丝绸、茶叶等货物的运输路线随之改道，上海很快取代广州成为全国贸易中心，这使得江西在全国贸易体系中的地位迅速下降，江西的贸易格局也产生了变化。至此，赣江—大庾岭干道急剧衰退，江西失去了交通区位优势。

三、商业繁盛

江西是中国的资源大省，素有"鱼米之乡"的美誉，历史上江西一直是稻米的主要产区。随着粮食产量的提高和生产技术的进步，江西的商品粮得到了较快的发展。明中叶以后，中国南方水稻生产的基本格局已经由"苏湖熟，天下足"转变为"湖广熟，天下足"。所谓"湖广熟，天下足"之"湖广"，其实包含江西在内。江西与湖南、湖北共同构成当时中国最大的商品粮供应地。九江成为中国"四大米市"之一。

江西农业生产结构趋向多元。水稻之外，麦、豆等作物在江西也有一定的种植。明末清初，番薯、玉米等高产作物在江西山区的推广种植，确立了江西作为粮食生产基地的地位。而茶叶、苎麻、棉花、白莲、百合等经济作物的种植以及生猪的饲养、鱼类的养殖，则使江西的农产商品化在全国范围内居于先进地位。其他如赣西北各县的油茶、油桐，吉安、吉水的薄荷，南丰等地的柑橘，赣南的脐橙，皆为重要的商品。

江西粮食、经济作物、手工业与矿业商品化程度高，加之交通格局有利，江西所生产、制造的商品流通于全国各地乃至海外。

米粮流通 江西粮食供应的一个重要地区是江南地区，另一个重要地区是北京。同时，广东、福建的粮食供应在相当长的时间里也部分依赖江西、湖南、湖北。北方各省发生自然灾害时，用于赈灾的粮食也多来自这片区域。此外，这里的部分粮食还被商贩运往海外。

瓷器流通 最晚在唐宋时期，中国的瓷器就大量出口国外。明清时期，景德镇瓷器不但是国内珍宝，而且随着东西方贸易的发展，风靡日本乃至东南亚及"西洋"各国。中国瓷器在世界各地广为流传，不仅推动、影响了全世界陶瓷技术的进步，而且广泛而深刻地影响了人类的物质文明与精神文明的发展进程。人们习惯称当时的中外海上贸易通道为"海上丝绸之路"。其实，当时出口的丝绸，多为半成品和原丝，而真正为中国带来真金白银的大宗出口商品，实为瓷器。瓷器超越丝绸成为第一大宗商品。所以，有学者将"海上丝绸之路"表述为"海上陶瓷之路"。

纸张流通 由于水陆交通的便利，河口镇成了铅山纸的集散地。明代后期的河口，已经不是一个地方性的商品集散地，而是具有全局性意义的重要商镇。在河口集散的纸张主要销往上海、杭州、安徽、河南、山东、北京、天津等地。

矿冶技精　江西商人对西南地区的矿业产生了重要影响。明清时期江西商人垄断了西南矿业，一方面是因为"江西填湖广，湖广填四川"的移民大潮，使大量的江西移民涌入西南地区，而江西籍的在朝官员，又为同乡商人提供了政策上的便利；另一方面，则是这些移民西南的江西商人、江西工匠掌握了先进的矿冶技术。

四、四大名镇

明代中后期，随着商品经济的发展，新兴的工商业城镇不断涌现。在江西地区，新兴的工商业城镇的出现和发展为区域经济的发展注入了新的活力。这些城镇主要分布在水运条件便利的区域。

第一个密集区在北部鄱阳湖区和赣江下游区，即从长江经湖口入鄱阳湖、赣江至丰城、清江，以南昌为中心的这段航线上。这里从北到南排列着4座府城（九江、南康、南昌、临江）、8座县城（德化、湖口等），以及23个市镇（城子、南湖嘴、龙开河等）。

第二个密集区在江西与福建交界的建昌府和广信府的信江流域。这片区域分布着1座府城（建昌）、3座县城（南城、南丰、新城），以及15个市镇（蓝田、曾潭、岳口等）。

第三个密集区在赣江的东源头章水及其与贡水交汇处的南安府（今大余县南安镇）和赣州府的赣县（今赣州市赣县区）。这里是明清时期中原与岭南乃至南洋各国物品往来的通道。海外舶来品及岭南特产经北江翻越大庾岭进入大余县，由章水经南康县（今赣州市南康区）至赣县，在赣江顺流而下入鄱阳湖，进长江、京杭大运河，至全国各地。内地百货则逆赣江而上，经赣县、南康、大余，翻越大庾岭进入广东，并顺流而下，销向岭南或海外市场。正因为这里是当时最繁忙的运输线路之一，所以明清政府都在南安府和赣县设有税关，向过往船只及货物收税。

在这些区域，形成了一些著名的工商城镇。景德镇、樟树镇、河口镇、吴城镇等因其各具特色的商业经营及繁荣的商贸，被誉为"江西四大名镇"，对江西工商业经济发展起着举足轻重的作用。

"瓷都"景德镇　景德镇是我国历史上的名镇，瓷器产品驰名中外，素有"瓷都"之称。景德镇的得名，始于北宋真宗赐其"景德"年号为镇名。北宋初年，景德镇生产的青白瓷"光致茂美"，主要进贡皇室，于是天下咸称其为景德镇瓷器。景德镇与河南朱仙镇、广东佛山镇、湖北汉口镇并称"天下四大镇"。

"药都"樟树镇　樟树镇的药材生产，是从"阁皂山"开始的。早在唐代，樟树的药市即初具规模，开始称为"药墟"。北宋熙宁年间，这里加工制作的枳壳、枳实、陈皮等药材，以质量上乘驰名，被列为"贡品"。南宋时这里改称"药市"，更趋繁荣。至清代康乾时期，樟树镇

上饶河口古镇

再度步入繁盛发展阶段,成为海内外公认的"药都"。"药不到樟树不齐,药不过樟树不灵"的美誉不胫而走。

买不尽的河口镇 河口镇,明清时期为广信府铅山县所辖,因位于信江与铅山河交汇口而得名。明万历时,河口镇成为"往来商贾聚货交易之所",为"铅(山)之重镇"。至清乾隆年间,河口镇又呈现出一派繁荣的景象。河口镇以转运贸易为主,号称"八省码头"。在此集散的商品主要有茶叶、纸张、棉布、丝织品、杂货、粮食等。民间有"买不尽的河口,装不完的汉口"之说。

装不尽的吴城镇 吴城镇为南昌府新建县所辖。自明万历十年(1582年)后,吴城镇"不下五七百烟",逐渐繁荣。明天启以后，吴城镇前后河街店屋千数，鳞次栉比，石板路纵横交错，人潮如涌，比肩接踵。晋、徽、江右等商帮纷至沓来，河边码头、仓库货物堆积如山。凭借得天独厚的水运优势，吴城镇逐渐成为重要的转运贸易口岸，享有"装不尽的吴城"之誉。

除景德镇、樟树镇、河口镇、吴城镇四大名镇外，明清时期江西还兴起了其他一些富有特色的专业名镇，如金溪浒湾镇（刻书业）、铅山石塘镇（造纸）、临川李渡镇（制笔业）、进贤文港镇（制笔业）、宜黄棠荫镇（夏布业）、万载株潭镇（夏布业）、萍乡高坑镇（采煤业）、南康唐江镇（油、粮、木业）等等。

五、赣商新貌

明清时期江西商人的足迹踏遍大江南北，万寿宫与江西会馆也随之遍布天下。哪里有江西移民，哪里就有江西商人；哪里有江西商人，哪里就有万寿宫和江西会馆。各地江西移民、江西商人以万寿宫为中心，形成自己的"小社会"，并融入当地的社会之中。如今遍布在全国 21 个省、自治区、直辖市的万寿宫与分布在国外的万寿宫一起，共同构成了一幅万寿宫文化的璀璨画卷，是江西人留下来的宝贵财富。

历经数百年的积淀，江右商帮铸就了跨越时空的赣商精神。"赣商精神"的主要内涵为"厚德实干，义利天下"。新时期赣商精神既承接江右商帮的历史，又立足赣商的现实，更展望赣商的未来，反映出赣商的可贵品格、成功经验、商业伦理和家国情怀。中华人民共和国成立以来，新一代赣商继承并发扬赣商精神，续写赣商新辉煌。一大批有胆识、勇于创新的企业家茁壮成长，形成了具有鲜明时代特征、民族特色、世界水准的江西企业家队伍。新时代，赣商将继续弘扬赣商精神，砥砺奋进，铿锵前行，为奋力谱写中国式现代化江西篇章做出新的贡献。

中医药文化
ZHONGYIYAO WENHUA

江西是杏林之源始、医药之都邑、养生之福地。自古以来，无论是临床诊疗、药物加工集散，还是养生保健治未病，江西中医均卓有建树，在中国医药史上留下了浓墨重彩的一笔。在临床诊疗上，内外妇儿、针灸骨伤，各科争妍，名医辈出，流派纷呈。盱江医学是最具代表性的江西医学流派。此外，庐陵医学、赣鄱医学也颇有特色。

　　在药物加工集散方面，江西本草资源丰富，药材加工技术精湛。宋代伊始，樟树镇就充分利用江河水运之便，聚集四方药材，加以炮制，再远销全国各地乃至海外，素有"药不到樟树不齐，药不过建昌不灵"之誉，是海内外公认的"药都"。药材加工方面，形成了有名的"樟树帮""建昌帮"，促进了中药炮制技术的发展。

　　在养生保健方面，依托山水之胜、鱼米之丰及人文之盛，江西养生文化别具一格，既有四时起居、饮食服饵、导引静坐养生的地域特色，又受到道家、禅宗、理学的深刻影响，涌现了许逊、施肩吾、李鹏飞、朱权、罗洪先、万全、徐文弼、黄元吉等一大批历史上著名的养生大家。

　　江西中医药的发展，与江西传统文化的发展密切相关。宋明以来，江西中医药文化日渐繁荣。中华人民共和国成立后，江西中医药的发展翻开了新的篇章。近年来，以热敏灸为代表的中医艾灸技术，正在成为江西中医药的新名片，广播四方。

樟树中药炮制技艺"白芍飞上天"

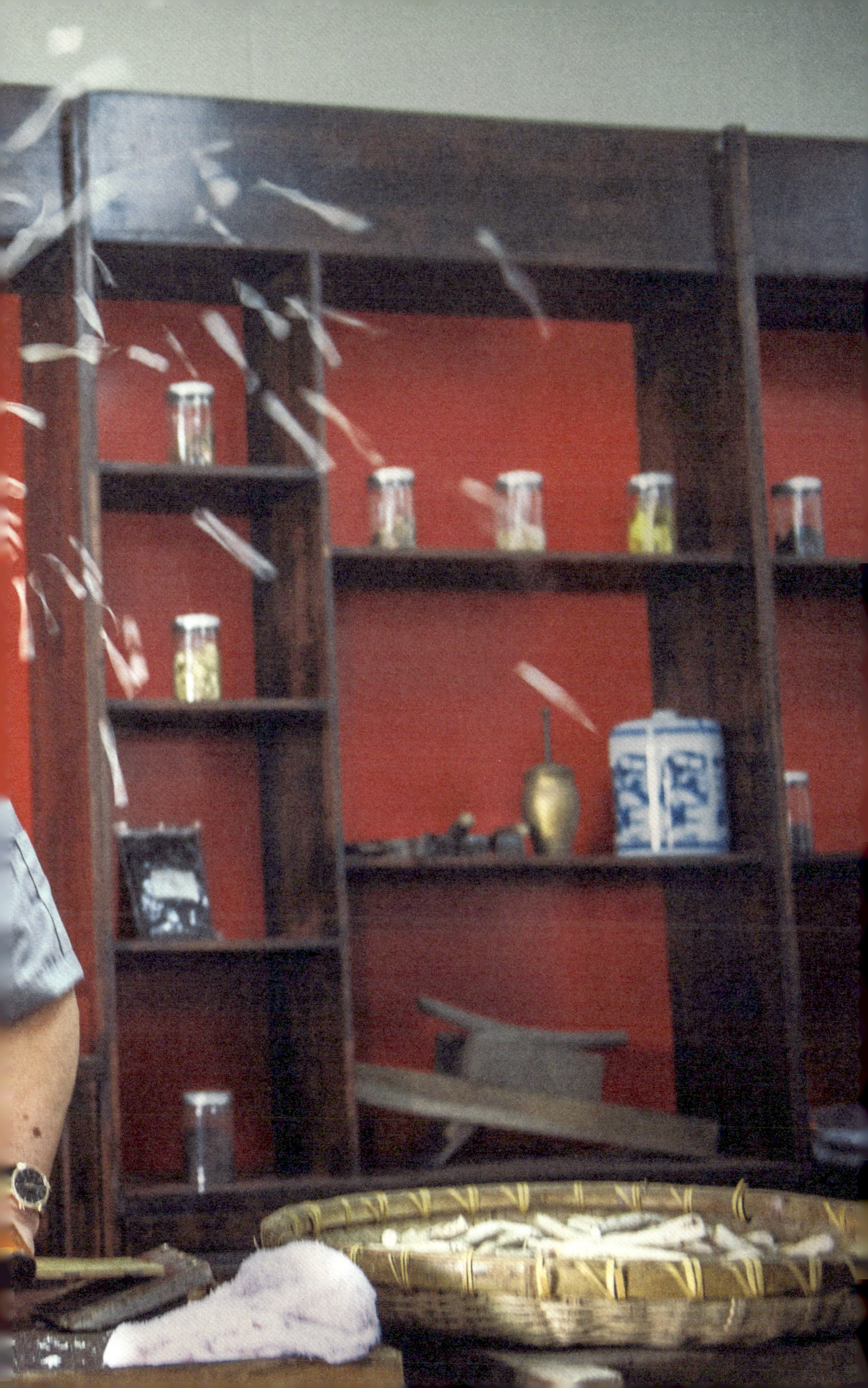

一、杏林概览

江西医学发展的历史，始终和江西经济文化的发展紧密相关，两者有着相生共振的一致性，形态上经历了由巫士医学逐步向方士医学、道士医学、儒士医学、医士医学转化的过程，本质上是科学技术不断战胜巫风鬼俗等的文明表现，体现出历史上江西医家善于学习、勇于创新、敢为人先的人文精神。江西历史上名医辈出，流派纷呈。据初步调查，历史上有姓名可考的江西医家约有2000人。江西中医药文化是江西文化的璀璨篇章，更是中华优秀传统文化的重要组成部分。

医著丰厚　中医药文献不仅记录了中医关于疾病诊疗的经验智慧，也是中医药文化的宝贵遗产，更是中华民族的集体记忆，凝聚着中华民族的情感与精神。每翻开一部中医古籍，就仿佛看到古代医家探寻人类生命奥秘执着而坚毅的身影。江西历史上关于疾病诊断方法的著作有50多种，著名的有《崔氏脉诀》、黎民寿注疏《玉函经》和《敖氏伤寒金镜录》等；本草著作有50多种，医方著作则有200多种，著名的有《洪氏集验方》《延寿神方》《乾坤生意》《医学入门》《本草求真》《医钞类编》《医书汇参辑成》等；临床著作是江西医学的主体，有500多种，著名的有《严氏济生方》《妇人大全良方》《集验背疽方》《世医得效方》《万病回春》《针

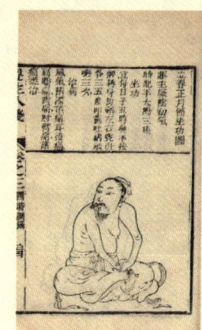

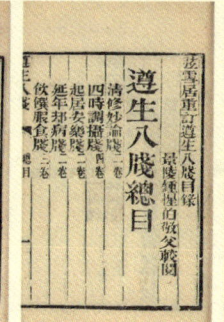

钟惺《增补遵生八笺》书影

灸大全》《喻嘉言医学三书》等；江西医家的养生著作有50余种，著名的有《三元延寿参赞书》《活人心法》《神隐》《运化玄枢》《福寿丹书》《养生四要》《增补遵生八笺》等。

医技高超 中医药文化是一种技术文化。而技术作为一种生产力，其表现不仅在于对技术的掌握和使用，更在于对技术或工具的创造与发明，以及对技术发明的指导理论与应用技术的经验总结。江西医家普遍重视经典理论，对《黄帝内经》等中医经典著作多有钻研和阐释，旨在揭示经典的意蕴，阐扬先贤的智慧，不断充实、丰富中医理论。江西医家的一个突出特点就是精于诊法，断病预后往往见于手下功夫，在脉学上形成了江西医学的独特风格，有"江西脉学"的说法。进入唐代，江西医学的临床各科已相对独立，有的甚至走在了时代前列。宋代以后，内外妇儿、针灸骨伤各科迅速发展，涌现了一批杰出的医家，领跑学科发展的方向，并且较长时间在全国保持着优势地位，甚至达到世界领先的水平。

二、医苑奇葩

自晋代董奉寓居庐山创立杏林之苑以来，江西医学，无论是脉舌诊法，还是内外妇儿、针灸骨伤各科临床技术，抑或教育师承，均有许多创造性的成果，如同苑中的百花，竞相绽放。

医家奇才 江西这片土地曾出现了一大批医家奇才，有神巧通真的刘元宾，有紫虚真人崔嘉彦，有"断病提纲"之称的黎民寿，还有善于舌诊的杜本。内科方面有"医仙"董君异，有济生救世的严用和，有医林状元龚廷贤，还有龚居中、喻昌、黄宫绣、谢星焕等。外科的巨擘有善于治疗痈疽的李嗣立和各种外科疾病的赵宜真等。妇科的翘楚有"药隐老人"陈自明、巫斋居士。儿科方面，有"医圣"万密斋以及创立"聂氏儿科"的聂尚恒等。此外，蔺道人治疗骨伤有"神技"，危亦林发明的夹板技术一直沿用至今。

中医针灸学是运用针刺与艾灸等方法防治疾病的一门临床外治学科。江西针灸技术源远流长，一度处于全国领先地位，针灸名医竞相涌现，针灸著作丰富。江西针灸学派代表人物有南宋的席弘和明代的徐凤，他们是江西针灸学派的鼻祖。席氏家传针灸之法由宋代到明代，经久不衰，影响深远。席氏门徒

崔嘉彦画像

龚廷贤画像

喻昌画像

众多,遍及江西各地,形成了我国历史上较大的地域针灸派系。江西另一针灸代表人物徐凤,精研窦默著述,秉承窦派学术思想。其主要贡献,一是诠释了窦默针法,二是完善了子午流注法,推动了明代的针灸技术的发展。徐凤晚年结合自己的临床经验和理论学习心得,编撰成《针灸大全》一书。清末民初的清江针灸名医黄石屏,则被认为开了针灸走向世界的先河。

医学教育 江西中医药文化的不断发展与历代医家十分重视医学的教育和传承有很大关系。席弘、李梴、龚廷贤、朱权、陈会、喻昌等医家都在医学教育方面卓有建树,他们通过家传、师承、医学堂等各种途径培养医学人才,并倡导医学全科教育。他们撰著的医学教材既通俗易懂、深入浅出,又析理透彻、发人深省。

三、流派峥嵘

江西医学发展史中存在明显的地域性医学群体现象。江西的地域性医学群体主

要有旴江医学和庐陵医学。前者以旴江流域为标志，以临川文化为依托；后者以古代庐陵郡治辖地为统称，以庐陵文化为依托。两者均历史悠久、传承不衰、名医辈出、名著迭现，各自有着鲜明的学术特色和不同凡响的医学贡献。历史上，旴江医学和庐陵医学交相辉映、争芳斗艳，共同促进了江西医学的繁荣发展。

旴江医学 旴江医学，分布于江西省旴江（今抚河）流域，古往今来，名医辈出、医著宏富、医学繁盛，形成了一个绚丽夺目的地方医学群体，与新安医学、孟河医学、岭南医学并称为我国四大地方医学流派，成为江西医学昌盛的标志。旴江医学在中国医学史上占有重要地位，对我国以及日本、朝鲜等国的中医学发展均产生了深远的影响。旴江医家精于临证各科，在内、外、妇、儿、针灸、骨伤、中药、养生等方面多有建树。旴江医家德艺双馨，不仅在专科临证、针灸、方书、养生、制药等方面建树斐然，且医德高尚，多有大医精诚之仁风，

位于广昌县的盱江源头

有推陈出新、大胆创新的探索精神。其中许多杰出的医学人物，不仅在临证治疗方面有丰富的经验，而且在医学理论上有高深的造诣。他们文学素养深厚、学识渊博，深究医理、通晓各家，之后博采众长、推陈出新，著书立说。妇产科成就是盱江医学最重要的成就之一。

盱江药业享誉天下，"药以医而灵，医以药而显"，精良的中药材是临床医生获得疗效的必要条件。位于盱江上游的南城和位于盱江下游的樟树分别是全国十三大药帮之建昌帮和樟树帮的发祥地。盱江医学蕴含着丰富的养生保健内容，崇尚未病先防的医家不在少数。

庐陵医学 庐陵医学是指以庐陵古治所为核心包括现今吉安市和莲花县、樟树市的地域性医学群体。在这片神奇的土地上孕育发展起来的庐陵医学，不仅是绚丽多彩的庐陵文化的重要组成部分，也是江西医学史上可以同盱江医学媲美的地域医学流派。庐陵医学深受庐陵文化的影响，有着突出的发展特点、鲜明的文化特征和卓越的成就贡献。庐陵医学形成时间早，延续时间长；名医众多，著作宏富；临床各科蓬勃发展，世医之家层出不穷。庐陵医学作为庐陵文化的重要组成部分，烙印着庐陵文化的精神印记，科举影响、书院教化及节义传承，构成了庐陵医学的基本文化特征。庐陵医学的成就是全方位的。经过历代医家的不断实践探索，庐陵医学在医经理论阐释、诊断方法介绍、本草方书充实、临床各科发挥、养生保健实践等各个领域为江西医学的发展做出了积极的贡献。

四、药都樟树

　　江西药材资源丰富，种植广泛，炮制讲究，聚散转运方便，以樟树、南城为重镇，辐射四方。历史上形成的中药炮制两大技术流派，樟树药帮、建昌药帮自成特色，各领风骚，饮誉至今，长盛不衰。江西优越的自然地理环境和人文环境造就了江西栽培药材的传统，药材资源丰富多样，道地药材种植广泛。第三次中药资源普查结果显示：全省共有中药材312科、2116种。由于地理环境适宜，江西药材种植十分广泛。到了现代，中药材种植已经成为广大山区农村的主要产业。截至2023年，江西省中药材种植面积达334万亩。盱江流域优越的地理位置和便利的交通条件为江西药帮——樟树帮、建昌帮贩卖与经营药材提供了极大的便利。在长期的药材经营中，樟树帮与建昌帮依靠精诚为本、唯真是求等经营理念，形成了独特的药业经营模式。便利的水陆交通与发达的经济文化为盱江医药樟树帮、建昌帮两大药帮的

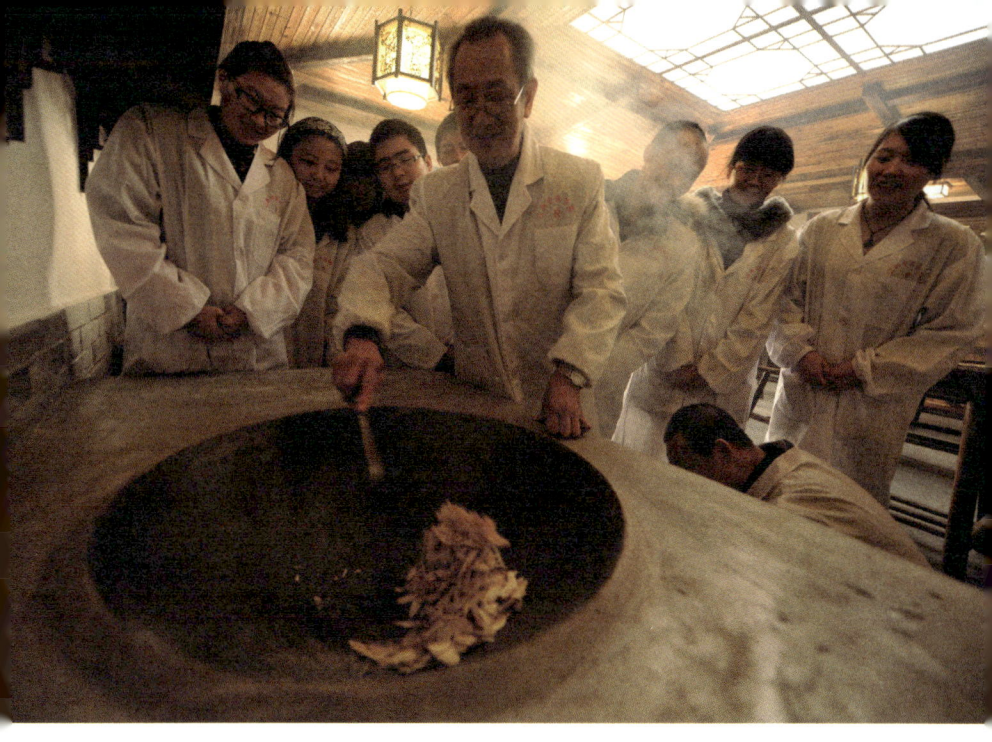

中药炮制

发展壮大奠定了扎实的基础。

　　江西的樟树帮与建昌帮名扬天下，药材远销国内外，让江西成为全国著名的药材集散中心，这与江西药帮遵循帮规、吃苦耐劳、天人共鉴、医药相济、锐意开拓、精益求精、救死扶伤、乐善好施的经营理念相关。樟树药行的经营管理模式十分独特，樟树药业全盛时有行、号、店、庄近200家，其中药行约50家，有"四十八家药材行，还有三家卖硫黄"之说。现在有名可考的有大源行、金义生行、隆泰行、福泰行、志祥和行、庆隆行、德春行、聂忆和行等。近代以咸宁药号、黄庆仁国药栈、长春药号享誉最高。

　　"药不到樟树不灵，药不过建昌不行。"樟树帮、建昌帮还是江西两大地域性中药经营加工群体。四方云集的各种药材，经过樟树帮或者建昌帮的炮制，药物质量和治疗效果就能得到保证并提高。

五、养生智慧

江西水源充沛，土地肥沃，物产丰茂。在生活资料相对富足的情况下，人们对健康长寿的追求更为自然和热烈。春秋战国以后，人文蔚起，儒释道相继兴盛，受道家服食炼形、释家净土禅定及儒家调息静坐之影响，江西的养生文化蔚然成风。导引按摩是形体养生最为有效的方法，也是在江西最受欢迎、流行最广的民间健身技术。

晋代，许逊在《灵剑子》中载录了"五脏导引术十六势"，是现存导引文献中最早记载导引术势和五脏导引的文献。此后朱权的《活人心法》所载的"导引法"和"去病延寿六字诀"是现存最早的"八段锦"和"六字诀法"文献。调息静坐在江西的学人中广为流行，与儒家理学的形成发展密切相关。

食疗食养是中医采用最普遍的养生方法，而在江西又自成特色。施肩吾为唐代著名诗人、道学家、养生家，其养生之说收录在《道枢》中。在食疗方面，元代李鹏飞不仅重视食物之宜，而且关注食物之忌。在养生方面，罗洪先的调息静坐之法注重精神调护,倡导无欲的境界。徐文弼提出养生应当根据自己的实际情况进行,遵循生活规律;提出养生原则就是对精气神的养护,要重视脾胃的调养。他在养生的方式上总结各家之所长,包括外功之导引法、内功之调息静坐、四时调摄宜忌、饮食养生、预防疾病等。他提出的十二段锦经过潘霨、王祖源的修撰而广为流传。此外,章杏云撰写的《调疾饮食辩》是中国食养食疗文化的代表作之一。

江西历代医家传承弘扬的养生智慧,今天依然能够为提升国民身体素质提供行之有效的方式和方法。

青铜文化
QINGTONG WENHUA

江西的青铜文化，是中国南方地区青铜文化的突出代表，在整个中华文明的形成过程中，做出过突出的贡献，是中华文明的重要组成部分。

吴城遗址的发现，打破了"商文化不过长江"的旧说，并从考古学的角度，证实了吴城是长江以南地区最早跨入"国家"门槛的地区，使人们重新评估江西乃至整个江南地区在中国古代文明起源过程中的地位。江西新干大洋洲的商代青铜器群的发现，大大丰富了南方青铜文化的内涵，重构了中国青铜时代的文明图景，对于探索中华文明多元一体格局的形成的历史具有重要价值。大洋洲商代大墓所呈现的高度发达的青铜文明改变了人们对赣江流域古代文明的认识，重塑了中国青铜时代的文化格局，将中国青铜文明和整个商代历史、文化研究推向一个新阶段。瑞昌铜岭矿冶遗址开采的年代从商代中期起一直延续到战国时期，是目前中国发现最早的一处采铜矿山，其遗存时代之早、延续时间之长、保存之完整、内涵之丰富，极为罕见。它的发现，不仅将我国的采铜历史向前推了300多年，而且还揭示了中国青铜文化的独立起源，为中国青铜文化圈的概念和商周时期铜料的来源提供了新的佐证，也证明了当时江西地区的铜矿采冶生产达到了先进水平。

伏鸟双尾虎

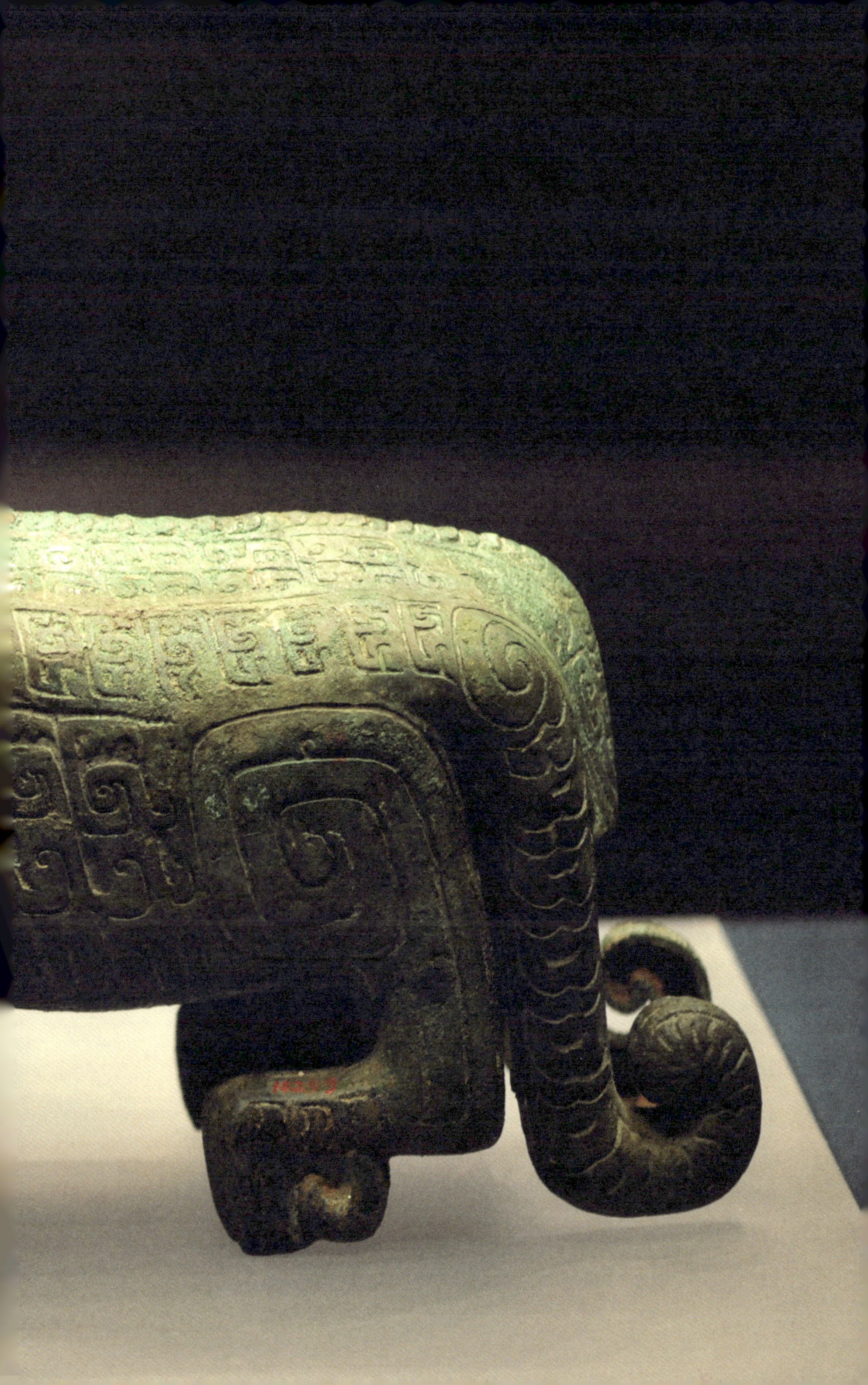

一、文明追寻

中国南方各地先后发现和发掘了一批层次清楚、遗存丰富的典型遗址和墓葬，其中樟树吴城、新干大洋洲、瑞昌铜岭等地出土了大量文化遗物，不仅大大丰富了南方地区从新石器时代到青铜时代、铁器时代初期历史的实物资料，而且为探索南方地区几何形印纹陶的发生、发展、兴盛、变化和衰退诸问题提供了确凿的地层依据和极有价值的线索。

樟树吴城遗址 20世纪70年代吴城遗址的发现是中国南方青铜时代考古的重大突破，打破了商文化不过长江的旧说。真正能够证明长江以南地区正式进入国家文明阶段的重大考古发现，是江西樟树的吴城遗址。这里孕育了吴城文化。吴城是与商王朝处于同一社会发展阶段的雄踞一方的方国。吴城文化既与中原殷商文明有密切关系，又有地方特色。自1973年秋至2002年，考古工作者对吴城遗址先后进行了10次科学发掘，重建了江西上古史。该遗址的发现被视为研究江南古文化的一把"钥匙"和年代学的"标尺"。

江西商时期文化，赣北以石灰山遗址为代表，赣西以吴城遗址为代表，赣南以竹园下遗址为代表，赣东北以角山遗址、万年遗址为代表。每个相对独立的区域在文化面貌上既有区别又有相似之处，但唯有吴城遗址包含了殷商时期赣境内诸多文化因素，其间的文化共性是主要的，因而倾向于把整个赣鄱流域商时期文化命名为吴城文化。高耸的城墙、深

吴城遗址出土的青铜凤鸟器盖

陷的壕沟是吴城文化的外在特征，作为礼仪中心的祭祀场所代表着吴城敬天祭祖的信仰，而精美绝伦的青铜器是吴城政治权力的象征。最具有特色的原始瓷证实吴城地区是当时原始瓷器的生产中心，而这些陶瓷器上镌刻的古文字则是吴城文明的见证。

新干大洋洲商墓 1989年年底，东距牛城2.8千米、静卧在千里赣江东侧的新干大洋洲商代大墓被发现。这座墓的下葬年代在商代后期。该遗存以土著文化因素为最多，融合殷商和先周文化因素，共同构成当地的吴城文化。这是一座名副其实的青铜艺术宝库：珍藏在30多平方米墓室中的千余件随葬品，件件都是价值连城的艺术瑰宝。新干大洋洲墓出土的484件青铜器，品类繁多，铸工精良，特色鲜明，堪称中国南方青铜器的典型代表。新干大洋洲墓还出土各类玉器754件，品类之丰富，数量之多为中国南方地区所仅见。它的发现，轰动海内，

新干大洋洲中型铜礼器出土状况

　　震惊中外。大洋洲遗址的发掘,不仅是中国南方考古的重大突破,而且揭开了中国整个青铜文明研究的新篇章,掀开了考古学、历史学、民族学乃至整个中国古代文明史研究的神秘面纱。

　　新干商代大墓出土的伏鸟双尾虎是国家文明符号象征体系的核心。它与一系列以兽面纹虎耳虎形扁足鼎为代表的礼器一起,共同构建了"虎方"国家权力象征体系。新干青铜器物群以青铜兵器、农具为主体。在484件青铜器中,青铜兵器有260件,包括戈、矛、勾、戟、镞、钺、刀、剑、匕首等,其种类之丰、数量之多,均为商时期遗存中所不多见。这里出土的礼器以饪食器为主,而通常殷商墓葬中随葬礼器以酒器为主。商殷是以觚、爵为核心的"重酒组合",南方新干"虎方"则是以鼎、簋为核心的"重食组合"。新干大洋洲商代大墓的考古发现证明，除以中原为中心的商文明之外，在长江中游赣江流域还同时存在着一个相对独立的区域性文明。这一发现重构了中国青铜时代的文明图景，极大地丰富了中国古代文明的多样性。

瑞昌铜岭遗址 长江中游地区是商文化在南方重要的分布区域之一，也是中国铜矿、锡矿资源较为集中的区域。这里发现了较多先秦时期的矿冶遗址。其中，江西瑞昌铜岭遗址为该区域内目前所确认的唯一一处主要开采年代以商代中期为主体的采矿、冶炼遗址。1988年春，铜岭村民在修筑矿山公路时发现了该遗址。铜岭矿山始采于商代中期，终采于战国前期，是迄今为止中国境内发现的年代最早的大型铜矿山。铜岭遗址集采矿、选矿、冶炼为一体，从一开始就表现出成熟完备的技术体系和高超的工艺水平。中国大量早期铜件、铜矿、铸铜作坊的发现表明，古代中国有着完整的采矿、冶炼、铸造青铜的工业体系。中国的青铜文化是在中国大地上生长的，自成体系，富有特色，在世界青铜文明中占有重要地位。

二、青铜之光

江南文明中有对神虎的崇拜，凌家滩、石家河、新干大洋洲墓遗址和安徽阜南县朱寨镇遗址，都曾出现虎头的礼器。这些礼器，都揭示了江南先民对虎的崇敬。新干大洋洲商墓中，出土了殷商时期的獠牙铜钺，其獠牙是虎牙，形状与新干出土铜虎的牙齿相同，双面神人头像的牙齿形状亦是如此。新干青铜器的"虎口"便象征了虎神吞噬牺牲的信仰。

以"虎"为礼 有关虎方边界的问题，学界一致认为其位于殷商边疆以南。有考古专家认为"吴城文化和费家河类型商文化便是虎方的考古学文化"。虎形象作为装饰艺术母题是吴城文化一个显著的特点，除显然有某种特殊含义的伏鸟双尾虎外，新干大洋洲出土有虎形象的鼎达13件之多。这在其他考古遗址中都是少有的现象。能在重要礼器"鼎"上广泛饰虎，显然虎的形象对吴城文化的族群有特殊意义。或许正是虎形的大礼器，让古国被命名为"虎"。大洋洲商墓出土青铜鼎的虎形装饰最具特点，是最具特色的地域文化标识，而伏鸟双尾虎即是国家文明符号象征体系的核心，并与一系列以兽面纹虎耳虎形扁足鼎为代表的礼器系统，共同构建了"虎方"国家权力象征体系。

王权神授 新干青铜器群中有一件独一无二的半人半神的青铜造像——双面神人头像。双面四目造型，是新干神人头像独具特色的艺术表现形式，是其异于同时期所有神人头像的最大区别之所在。在海内外传世品

青铜钺

兽面纹虎耳虎形扁足鼎上的虎装饰

双面神人头像

青铜文化

中都未曾发现过与之完全相同的青铜器物。作为一种艺术现象，其奇特诡谲的造型，体现了上古时期赣鄱流域先民的"艺术意志"，是他们的"世界感"在青铜艺术活动中的外在显现。新干双面神人头像塑造的是司法神，是上古时代君权神授在法律制度上的具体显现。新干青铜器群主要由青铜双面神人、斧与钺共同构建了"虎方"国王权力象征体系。

青铜兵器 新干大洋洲的青铜兵器数量众多，工艺先进，制作精美、器型实用，有戈、矛、戟、剑、刀、匕首、镞等种类。其中，那种异形的棱锥体的矛，更是大洋洲所独有。商代各地出土的青铜刀中，新干大洋洲的数量最多，形体最大，制作最精，保存最好。新干青铜器群中的兵器组合几乎包括了中国早期冷兵器的全部类型，而且各类兵器大都有不同的形制。它们勾勒出一幅气势恢宏的商代战争场景，再现了商代江南一个"虎方"国强大的军力和国力，这是青铜时代方国生存发展的坚实基础。

青铜工具 大洋洲商代遗存出土的工具类青铜器有18种143件，可以确定为农具的有犁铧、锸、耙、铚、镰、镬等11种计51件。这些青铜农具基本包括了农业生产所需的基本

四棱锥形青铜矛

青铜犁铧

工具，而且同一种农具往往有多种形制，其中一部分有明显的使用痕迹。新干青铜农业生产工具的发现，表明先秦时期，中国的青铜农具已经可以用于开展并完成一套相对系统、流程完备的生产劳动程序，也表明青铜农具开始登上历史舞台并引领了后来铁农具的发展。

三、藏礼于器

新干商代大墓还出土了大量与饮食文化相关的青铜器，有烹煮器如鼎、鬲、甗，盛食器如簋、豆、罍，挹取器如匕、瓒，佐食乐器如镈、铙。这些器具组合完备，奢华绮丽，当年想必装点的是"王的盛宴"！

新干大洋洲墓出土的扁足鼎在青铜礼器组合中占有主导地位，与中

青铜镈

原青铜文化存在显著差异。鱼形扁足的造型不见于商代其他青铜器遗存，为赣江流域所独有，其渊源可能来自长江流域下游的良渚文化，是这一地区文化交融的生动实例。新干虎形扁足鼎也不见于江西以外的青铜遗存，是新干商代大墓最具代表性的地域文化形象。

新干青铜器群种类繁多，蕴含了原始先民宗教的、家庭的、婚姻的、审美的、价值的、法律的观念和信仰。原始先民的信仰及礼仪，早已沉埋在不可复现的年代之中。它们具体的形态、内容和形式已很难确定，也许只有通过对神话的象征意义的阐释，才能够揭示隐匿在神秘的重帷之后的文化底蕴。

四、技艺精湛

新干青铜器群的造型不能脱离它所处的大的体系，它的制造成型必须符合这种特殊秩序和制度所带来的礼仪性。新干青铜礼器造型语言具有综合性的特点，因此需要极其多的自然界形象来满足它的设计需要。这是跨越文化、时空、部族的超级载体，展示了商代"虎方"国包罗万象的动物崇拜，共享的宗教观和宇宙观。新干县出土的虎形扁足鼎，其形制轻巧、造型丰富，少了中原青铜器给人的狞厉浑厚感，取而代之的是一种独具江南审美特征的轻盈之美。最典型的代表是新干县虎形造型青铜器——兽面纹虎耳虎形扁足鼎，此器物给人一种亲切却又不乏神秘之感。它庄重典雅、形神兼备的造型以及耳上双虎形象的写实与虎足呼应，成为商代江西地域青铜文化的标志。

兽面纹虎耳虎形扁足鼎耳外侧部纹样

兽面纹虎耳虎形扁足鼎耳外侧部纹样

兽面纹虎耳虎形扁足鼎

兽面纹虎耳虎形扁足鼎腹部纹样

兽面纹虎耳虎形扁足鼎足部纹样

新干县商代大墓出土的兽面纹扁形鱼足青铜鼎是该地区独有的器型，未见于其他地方。以往出土的青铜器中很少见到以鱼纹为装饰的器物，在中原地区尤其罕见。这与长江中下游地区渔业经济的发展有关，反映出长江文明地域文化与审美意志对青铜铸造的影响。这里出土的青铜器中，少了中原地区常见的爵、觚等饮酒器；仅出土了盛酒器和注酒器，且这两类酒器的造型与中原殷商地区的青铜酒器造型差异较大。

大洋洲商代大墓出土的青铜器不仅装饰手法多样，而且技法高超。出土的绝大部分青铜容器、乐器和部分工具、兵器的表面都有纹饰。其装饰技法高超、装饰手段多样、表现技法丰富。它们直接以兽面纹为主题装饰，以云雷纹作点缀，面纹为单层花，这也是赣鄱流域的青铜装饰风格与中原殷商地区的最大不同处。它们更多地反映当地不同时代的习俗、宗教信仰和图腾崇拜。鸟纹、虎纹、夔纹、目纹以及几何纹饰等在这一时期被大量使用，标志着青铜纹饰逐渐从稚嫩走向成熟。

装饰技艺中最夺人眼球的是玉石镶嵌技术。新干商代大墓有大量的绿松石泡、片出土，推测其极有可能是青铜器器表掉落的镶嵌件。以青铜戈、青铜矛为例，出土的23件直内青铜戈中有4件的内部采用数量不等的绿松石片作为镶嵌。

纵观新干大洋洲出土青铜器的造型和装饰纹样，并非所有的青铜器纹样都给人一种神秘、狰狞、不敢轻易靠近的感觉，其中有许多青铜器装饰纹样给人的感觉是生动活泼的，如最具典型特征的青铜器——伏鸟双尾青铜虎。卧虎上伏鸟的造型给人的感觉是和谐的、生动活泼的，这更符合江南地区独特的地域风俗特点。从中可见新干青铜器群的审美意志受地域特色、宗教文化等的影响，逐渐形成一种本土化的独特审美倾向。

古村文化
GUCUN WENHUA

在千百年的历史积淀下，得益于良好的自然环境、交通区位、经济基础等因素，江西不断形成一批既依山傍水、风景秀丽，又历史厚重、文化独特的古村落。这些古村落星罗棋布，见证着江西历史的变迁和文化的兴衰，展现了赣鄱儿女绵延不绝的耕读传统，传承着江西百姓世代相传的良好家风，保留了江西先民创造的多元丰富的生活方式。江西的古村落因此构成了赣鄱大地上的一道绚烂风景，也成为赣鄱儿女记住乡愁、赓续文明的重要依托。

截至 2023 年，江西共有国家级历史文化名镇名村 50 个，中国传统村落 414 个，登记挂牌的传统建筑 2 万余处，抚州市被列入 2020 年 10 个全国传统村落集中连片保护利用示范市之一，吉水县、瑞金市被列为 2022 年全国传统村落集中连片示范县（市）。

走进江西的古村落，仿佛走进了一张张山水画中，能让人感受自然的清新与典雅，感受江西生态文明之美。走进江西的古村落，仿佛是在和灿若星辰的先贤名士对话，能让人感受江西"文章节义之邦"的人文厚重，感受赣鄱大地的家风祖训、家国情怀。走进江西的古村落，仿佛是在触摸历史的脉搏，回望历史的星空，能让人跨越时空去感受江西的民风、民俗、民情，记住我们的乡愁。

婺源

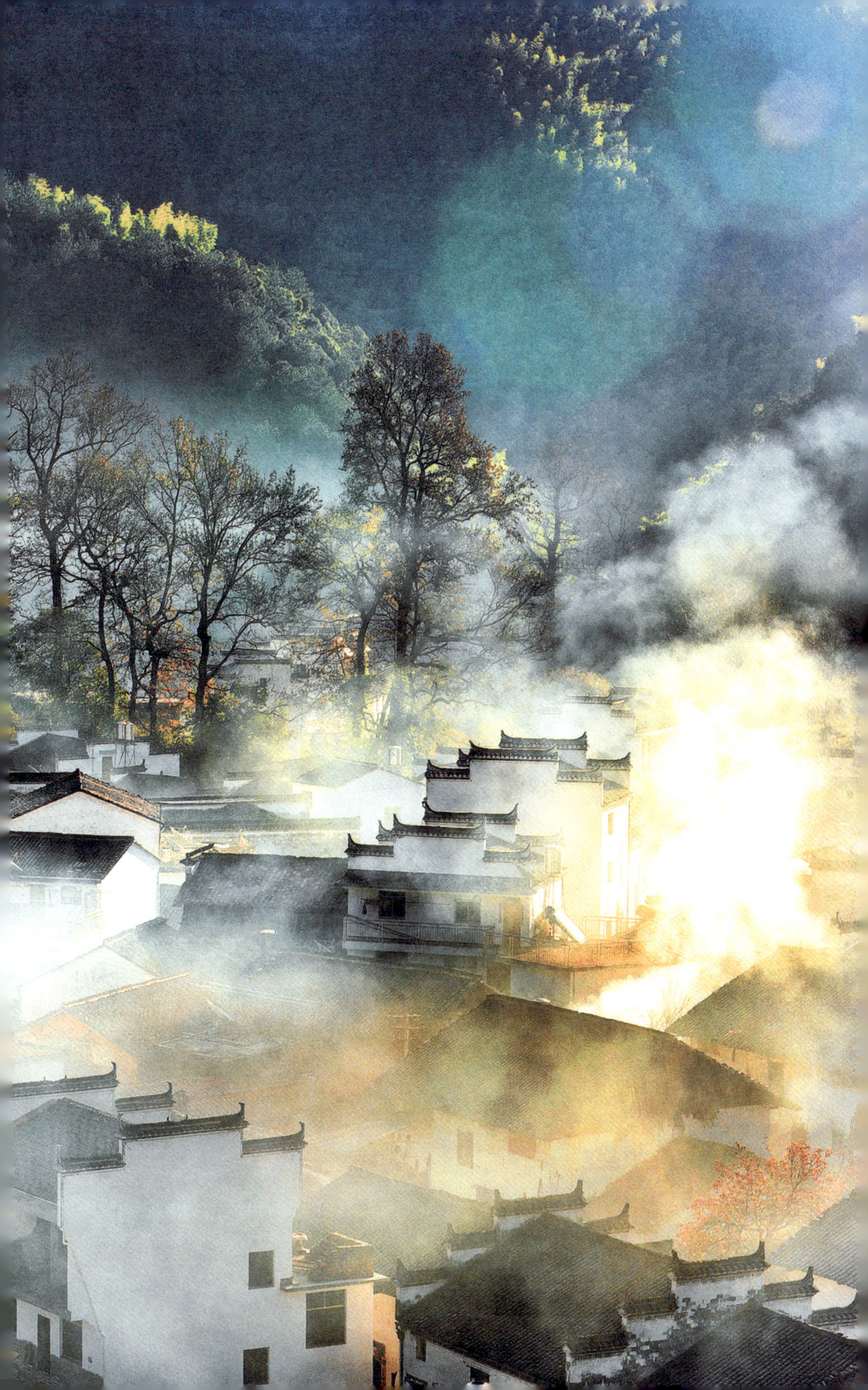

一、古村胜境

江西山水资源丰富，境内有蜚声海内外的众多名山，又有中国第一大淡水湖鄱阳湖以及密布的五大水系。这里的地形以山地丘陵为主，素有"六山一水二分田，一分道路与庄园"的说法。得天独厚的自然山水资源，为江西古村落的形成提供了良好的条件。江西古村落依山傍水、毗邻要道，将生活功能和村民的伦理教化等融合，展现出江西先民耕读传家的信念，独具江西特色。

截至 2023 年，住房城乡建设部与国家文物局共公布了 7 批中国历史文化名镇名村名单。江西的浮梁县瑶里镇、鹰潭市龙虎山风景区上清镇等 13 个镇被评为中国历史文化名镇。乐安县牛田乡流坑村、宜丰县天宝乡天宝村等 37 个村被评为中国历史文化名村。

江西村落普遍依山而建、枕山而居。例如群山环绕的严台村地属黄山余脉，山水奇傲，村庄一派静谧安详，只有步入其中才能发现别有洞天。"狮象把门"的理坑村位于郭公山余脉驼峰尖东南麓，众多

山峰形成一道天然屏障，为理坑村抵挡了肆虐的寒流与狂风，使得村庄的气候更加宜人，有利于农业生产。"斜阳远近山"的延村，前有川流不息的思溪河，后有"火把山"，村庄内地势平坦，依偎着植被丰富的山丘，呈现出险峻秀丽之美。峰峦层叠的白马寨村前有白马山，是南昌至抚州的官马大道必经之处，也是军事要地。依山面畈的竹桥村处于一个较为宽广的盆地中，坐落在一个较低的山丘上。这里气候温和、四季分明，村民们栖居于此，怡然自得，悠闲惬意。

江西先民在村落建造上还会选择面水而居，依水而息。江西河网密布、水系发达，为村庄建立提供了良好的环境。例如"四水归堂"的鹤舍村地处鄱阳湖东岸，村落的地理优势和发展旅游业的区位优势明显。河汊交错的南昌县熊家村与丰城市、新建区隔赣江相望，抚河横贯其间，为当地的农业生产提供了丰富的水源和便利的灌溉条件。"鄱湖西汊"的新建区汪山村位于赣江西岸，北通永修，东临鄱阳湖，南通南昌，交通便利。这使得汪山村成为永修县与

婺源江湾镇的古村落

新建区交界处的重要商品集散地。被誉为"天下第一弯"的乐安流坑村,位于灵华山山脚,迂回曲折的乌江从山间奔腾而来,使流坑村三面绕水。作为"泷江通衢"的吉水桥上村,位于泷江东岸,水陆交通发达。泷江不仅为村民们提供了丰富的水源,更为整座村庄增添了一份诗情画意。

江西的快速发展得益于良好的交通区位优势。唐以后,江西依托赣江和大庾岭的水陆交通优势一跃成为南北交通要道上的重要驿站。江西很多村落的形成与发展都和当时的交通便捷密切相关。不管是赣东北的皖赣通道、徽饶驿站,还是赣西的湘鄂赣商道、赣东的赣闽商道、赣南的赣粤驿道……都是江西先民与外界进行商贸、文化等交往的重要通道。江西先民们依托交通便利的优势建造了许许多多的村落,包括"皖赣要道"浮梁沧溪村、"日楫夜泊"乐平涌山村、"徽饶古道第一关"婺源虹关村、"徽州古商埠"婺源汪口村、"赣西北枢纽"修水山口老街等。毗邻交通要道,村落从闭塞走向开放,从落后走向兴盛,由贫困走向富裕。

二、古村文脉

江西自古人文鼎盛,自唐以来有"文章节义之邦""朝士半江西"等美誉。历史上出现的"一门三进士""五里三状元""科举数连冠"等诸多科举现象就是江西厚重历史和璀璨人文的重要体现。江西历史，犹如一本传承千载的文化巨著，而在江西各个角落的古村落则是了解江西历史文化的理想"读本"。江西传统古村落，承载着许多彪炳史册的科举盛况，孕育了众多名垂千古的贤士，诞生了在历史风云中曾经风光无限的商人及其商界传说……这些足以撑起江西文脉发展的古村，是了解江西的重要窗口。

耕读传家 教育的兴盛是传统时代江西走向辉煌的重要支撑，它造就了江西"人才甲天下"的盛况。江西人才辈出的盛况，离不开江西古村落耕读传家的优良传统。其中有"科甲显族"，被誉为"千古第一村"的乐安流坑村。自宋至清，流坑董氏在科举上屡创佳绩，并与全国范围内的名士有广泛、长期的交往，成为天下闻名的董姓望族。此外还有被誉为"庐陵文化第一村"的吉水谷村、"一门五进士"的东乡浯溪村、"一门六进士"的樟树姜璜村、"父子进士"的永新樟枧村等。

名士乡贤 科举的兴盛极大地推动着江西文化的兴盛。江西不仅诞生了许多大文豪、大学者、大思想家，还有众多在基层社会尤其是在村落发展中产生过深远影响的名士乡贤，他们不仅为江西文化的发展与传承做出了重要贡献，而且在维护基层社会稳定、传承古村文化方面贡献卓著。他们的众多功绩为后世所敬仰。如吉水湴塘村的杨万里，其足迹遍布全国各地，在朝廉政爱民，在乡爱国忧民。湴塘村杨氏世世代代景仰杨万里的高尚家国情怀，谨记杨万里留给他们的宝贵精神财富。赣县区夏浒村的戚义龙，一生乐善好施，热心

乐安流坑村

地方公益事业，重教兴学，不断激励夏浒村的子弟勤奋读书，为族、为国争光。这些名士乡贤关心本宗族、本村的教育，为古代乡村文化的发展做出了重要的贡献。

古村传说 江西古村落中有许许多多可以去挖掘、去梳理、去述说、去传承的精彩绝伦、蕴含文化的传说，如吉水燕坊村"青阳绚彩"的故事，和解缙关系密切，且颇具传奇色彩。此外，还有赣县白鹭村"白鹭梦"的开基传说、丰城厚板塘村"毛氏贤夫人投井谏夫"的传说等等。这些传说历经千年，依旧代代相传。

革命记忆 在江西这片红色的土地上，无数革命先辈为国家和民族抛头颅、洒热血，创造了无数丰功伟绩。这片土地承载着宝贵的红色历

史记忆：地方党组织在"红色省会"上饶葛源镇领导了弋阳九区暴动、横峰年关暴动等，并创建了红色政权和工农革命武装，初创了以磨盘山为中心的革命根据地。土地革命战争时期在吉安陂陂村举行的"二七会议"，会上通过了《赣西南土地法》，解决了土地分配政策问题。抗日战争期间，丰城市的白马寨村爆发了一次重要且影响深远的抗日阻击战，史称"白马寨之战"，极大程度阻击了日军的南下部队。发生在江西这片土地上的红色故事记录着先烈们的革命贡献，激励着人们要赓续红色血脉、传承红色基因。

三、乡风民俗

江西历史文化底蕴深厚，千百年来，江西先民在日常生产生活过程中，不断形成独特的文化习俗。这些文化习俗不仅是先民生活方式的独特呈现，而且在治理乡村社会、规范地方社会、传承家族文脉过程中起到了重要作用。先民们将这些乡风民俗代代相传，形成颇具特色的江西古村民俗。

傩舞表演

祭祖敬神 祭祖和敬神是中国传统社会中最重要的两种祭祀活动，它们深深扎根在中国广袤的乡村社会中，世世代代沿袭。江西各地古村落中，乡民祭祖敬神的方式多样、内容丰富，展示了千百年来沉淀在这片土地上真挚的感情和愿望。例如抚州乐安县流坑村的"出傩玩喜"，这是古时驱鬼逐疫的仪式，展现着流坑董氏在灾难来临时齐心协力共渡难关的方式，后来发展到办喜事也要请傩，增加了表演的娱乐性。汪口村有一个"汇源禅院"，发挥着敬神的重要功能，古时有诸多民俗活动在此进行。都昌县鹤舍村在敬神祭祖方面有着特殊的仪式，叫作"出天方"。这种仪式是为新的一年奠定一个吉庆的开场，浓郁了春节气氛。

家风传承　中华民族历来注重家庭、家教、家风，古语云："天下之本在家。"家文化是中华民族文化的重要内容，千百年来，世代传承的优良家风家训影响着中华儿女，影响着每一个家庭，乃至一代又一代人的成长。走进江西古村落，可以看到诸多名人的家训家风，值得深入挖掘、学习传承。其中的典型代表是德安县义门村陈氏家族，它是公廉楷模、齐家典范。义门陈氏以族为聚，以学脉为轴，以忠孝节义为根本，以勤俭耕读传家，同时还注重教育，开办了中国最早的民办学校之一"东佳学堂"。江西的古村落中，正直的家风家训影响着一代代人，推动了江西的发展。

文化民俗　江西地域文化习俗多元而厚重。乐平市涌山村是古戏台之乡，其戏曲历史悠久、内容丰富、形式多样，深得当地百姓的喜爱。寻乌县吉潭镇圳下村是山歌之乡，在长期的生产生活实践中，圳下村逐渐形成了以"迎故事"、唱山歌等为代表的民俗活动形式。它们随着时代的发展不断传承创新，在当代迸发出新的活力。赣县白鹭村是东河戏之乡，村民在长期的生产生活实践当中，逐渐形成了以"抢打轿""迎彩灯""东河戏"等为代表的特色民俗。

节庆风俗　江西的先民们在节庆时创造出相应的风俗活动，这既是对天地万物运行规律的认识与把握，也反映了传统社会中百姓的价值信仰与生活情趣，承载着独特的地方风俗与家族历史记忆。其中具有代表性的有吉安陂下村的喊船祈福活动，它是春节时的重要民俗，目的是祈求百姓平安、风调雨顺、五谷丰登。永新县石桥镇樟枧村也留传了丰富的文化习俗，最值得称道的便是中秋节烧塔习俗。村民们在宗祠门前或者空旷的田野上叠砌"瓦塔",人们齐心协力点燃瓦塔。烧塔承载着百姓对丰收的期盼。

四、古村遗迹

江西文化的厚重与多元,不仅体现在诸多彪炳史册的名人名著上,而且展现在各式建筑特有的风貌中。星罗棋布的江西古村落是江西璀璨建筑文化的重要体现。古村落中保留下来的各式各样的祠堂、牌坊、书院、井巷、名人故居等建筑发挥着传承文化、记住乡愁的重要作用。

选址布局 江西古村落还有一个十分突出的特点就是讲究空间布局和功能使用。在空间布局上,江西古村落往往追求一个和谐完备的人居体系,追求天人合一的理念。在功能使用上,江西古村落注重空间的功能使用划分。在江西的古村落中,峡江湖洲村以"严谨规整"著称,其因地制宜,体现了较大规模传统聚落建设的规制,蕴含着深层次的宗族与礼法内涵。设置"内外八景"的宜丰天宝村选址非常讲究。它依托自然环境形成内外八景的独特村落景观,同时讲究空间布局,创造性地形成了天宝村独特的自然人文景观。贯彻"天人合一"理念的安义罗田村背山临水,场圃筑前,果树栽后,在建造过程中,讲究因地制宜,在村落功能规划方面更加注重便利性、合理性。注重"枕山面水"的吉水仁和店村在空间布局上也十分讲究,是人居环境的生态、形态、情态和意态的有机统一。龙南关西村的关西围屋是客家围屋的代表,它集家、祠、堡于一体。此外,还有新建区的汪山村,村内最为壮观的汪山土库,又称程家大屋，是赣中典型的大型官宦建筑。都昌县苏山乡鹤舍村宗族祠堂有一座称为"老屋堂"的古建筑，它的布局既具实用性，又体现了中国传统的阴阳哲学。

书院私塾 江西古村落中还有许多书院、私塾，它们遍布乡村，作为古代乡村社会重要的文化教育场所，承担着宣扬学问、启迪学子的重要功能。如婺源理坑村兴办了众多学馆，书香不绝，人文丕振。都昌鹤舍村的浣香斋也是典型代表。鹤舍村袁氏族人自明代天顺年间袁崇美开基以来就重视教育，以耕读为家族生活之根本，重视族中子弟的文教科举事业，并兴办学校。此外，还有吉水燕坊村的复初书舍、衡公书舍等私塾，宜丰天宝村的培根学校等，它们对于推动江西乡村的文化教育事业的发展发挥了重要作用。

牌坊巷道 牌坊是中华文化的一个象征，在江西古村落的路口、祠堂的入口，乃至在城市通衢大道的街头，总能见到各种牌坊。这些牌坊

南昌汪山土库

和道路、街巷、桥梁、井陂一起，共同组成村落的肌理，记录了古时村民交通、生产、工程技术、文化思想的历史变迁。浮梁苍溪村的辇英坊、东乡浯溪村的贞孝坊、南昌县前后万村的双节牌坊、婺源西冲村的徽饶古道、高安贾家村的历史巷道等都颇具特色。

宗族祠堂　宗族祠堂是供奉与祭祀祖先或先贤的场所，是儒家传统文化的象征。同时，宗族祠堂是这个父系血缘共同体居住地的主要场所，是由同一个祖先繁衍下来、自成系统的血缘亲属集团与地缘组织统一而成的宗族组织场所，具有祭祖、议事、赈灾、教育等各种古代农村基层组织职能，是宗族文化的重要载体。江西的古村落保留了许多种类不同、形式各异的宗族祠堂，它们是了解江西文化的重要窗口。地处赣中腹地、吉泰盆地的吉水桥上村格局独特，罗氏子孙先后建立了罗氏总祠、天郁公祠、民公祠等8座祠堂，象征着家族及其分支的兴旺。婺源汪口村俞氏宗祠是俞氏宗族祭祀祖先和先贤的场所，它以木雕精湛著称于世，被古建筑专家誉为"艺术宝库"。此外，还有建于明代的高安新街镇贾氏宗祠、建于清乾隆年间的贵溪曾家村的曾氏公祠、建于明清时期的浮梁严台村江氏八座祠堂等。

高安市贾家村贾氏宗祠

科举文化
KEJU WENHUA

科举,是国家用人选士制度的伟大创造,它不仅是中国文明史上的创举,也对世界文明产生了深远影响。江西人在科举浪潮中,扬帆起航,劈波斩浪,驶向全国政治、文化的中心舞台。

千年科举,江西涌现了一万多名进士,其数量在全国名列前茅,达全国的十分之一,其中文武状元有48名。尤其是宋、明两代,根据江西省地方志编纂委员会办公室的统计,分别有5861和3387名江西才子考中进士,创造了科举的辉煌。俊采星驰,江西籍进士以宏大的规模和高品阶,为天下瞩目;在有的朝代和届次,考中的进士数居全国之首。历代众多的江西俊杰,不乏大臣名儒、行业翘楚,他们都是通过科举实现人生的重要跨越,为民族的发展和进步建功立业。他们以高尚的品行和不凡的才智,在中华民族文明史册中谱写了不朽的篇章,光照千秋。江西科举成果丰硕,与古代农耕、书院兴盛等历史人文因素息息相关。

宜春状元洲卢肇中状元群雕

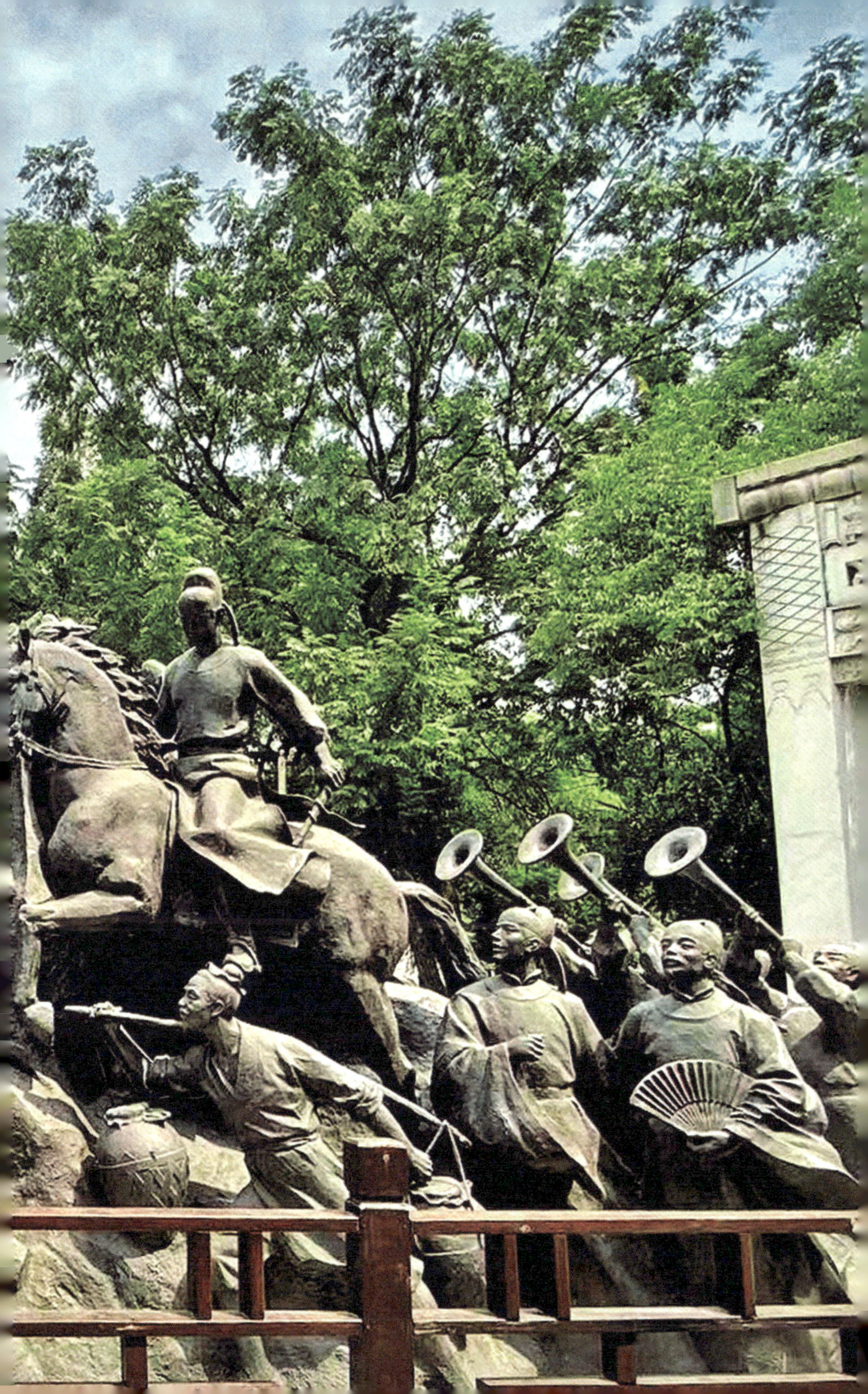

一、科考千年

隋朝开创的科举制,是中国古代社会极为重要的一项政治制度,在社会发展和社会生活中影响巨大。回望过去,江西在各个时期的科举状况,可以大致分为唐代初显期、宋代高峰朝、元代低落期、明代鼎盛期、清代衰落期几个阶段。兴衰起落的趋势,与全国科举变化的状态有同有异,具有鲜明的地域特征。不管哪个阶段,都绵延着不绝的文脉,留下了学子不懈奋斗的深深脚印,书写过金榜题名的荣耀,涌现出杰出的人才。

唐代以前,江西与文化先进的中原和东南地带相比还比较落后,政界文坛少有显赫的人物。到了唐代,在科举制的强力推动下,江西人开始迈出新的步伐,逐渐踏上文化教育的中心台阶,向上攀登。尤其是安史之乱后,北方遭受严重破坏,而江西大部分地区未受战乱侵扰,社会相对稳定,经济持续发展,缩小了与北方的差距,奠定了文化教育发展的基础。《文献通考》记载,唐朝江西籍进士有65名,地理分布主要集中在赣东北和赣西,尤其是袁州特别突出。第一位状元卢肇便是袁州籍,他于唐会昌元年(843年)中状元。他树立起江西科举划时代的标杆,开启了江西科举的新篇章,标志着江西学子开始登上科举最高殿堂,可以和全国俊杰同台竞技、一决高下。两年后的第二位江西籍科举状元也是袁州籍,

赣州文庙

名叫易重。唐代科举的"袁州现象",是江西经济文化发展的缩影。袁州在科举中收获硕果,成为江西各州的"排头兵",具有示范价值,激励后来江西文化和教育的兴盛。五代南唐时,江西经济文化得到较快发展,南昌还曾经是南唐的南都。再加上江西书院的发展,南唐时期,江西涌现了几位状元。

宋代是江西科举的高峰期。宋王朝对唐朝的科举制,既传承其基本方针,又进行了改进和创新,开国之君赵匡胤为了巩固自己的统治,定下以文人治天下的国策,推动了科举的繁荣。江西从以前落后于中原地区到迈进全国第一方阵,有的科届遥遥领先,涌现了晏殊、刘沆、欧阳修、曾巩、王安石、曾布、黄庭坚、洪皓、胡铨、汪应辰、周必大、洪迈、杨万里、朱熹、陆九渊、江万里、谢枋得、刘辰翁、文天祥等名人，他们都是科举骄子、时代精英。还有更多的才俊，他们共同组建成规模宏大的"文化赣军"，共铸宋代江西人文的辉煌。

明朝是江西科举的鼎盛时期。建文朝便有科举殿试前五名都是江西举子，在永乐二年（1404年）也出现过前13名中有11人出自江西的盛况。其中，吉安府在上述两届中，囊括科举殿试鼎甲，"团体双连冠"，是科举史上的奇迹，空前绝后。明代江西的进士群体规模宏大，名次也高，进入官场的江西人自然也多。在明代前几朝，有"翰林多吉水，朝士半江西"的气势，这在一定程度上带动和促进了江西经济社会的发展和文化教育的进步。到了明代后期，江西科举有所退步，江西人开始慢慢淡出全国的政权中心。

清代江西的科举由盛至衰。清代施行文字狱、八股文和民族歧视政策，科举环境不佳。再加上江西从明中后期开始的"江西填湖广"移民运动、经济中心向江浙一带的转移以及交通的变化，以传统农业为主的江西经济跟不上先进地区的步伐，文化也随之衰落，这进一步导致江西在清代的科举成绩较明代有所下降，但是江西仍然出了不少杰出的人物。另外，江西在清代的科举文科有所衰退，武科却大有进步，武进士比明代多。

二、科第世家

江西的姓氏宗族，基本上没有所谓皇室或贵胄豪门嫡传的世家大族；即使有极少数分封到江西的皇家王室或宗室，也在传了数代后沦为平民，遇到改朝换代生存更艰难。只有靠耕读传家，或商儒并重，获取科举功名，提高社会地位，这个家族才能逐渐成为名门望族。

这些家族往往在数代先人凭双手累积了一些资产后，就办私塾学舍，延请老师，教育子孙后代。他们格外重视培育良好的学风，将崇文尚儒的家风世代相传。有的学子家境贫寒，但天资聪颖、学业优异，是可造之才，宗族就会尽力资助扶持，使其继续深造。一旦某位家族成员考上了举人乃至进士，走上了仕途，就成为典范，对家族乃至整个宗族产生强大的影响力。后辈受到激励，见贤思齐，发奋读书，使宗族代有仕宦者，成为科第世家和望族。宗族是家族的扩展，江西有许多宗族，在科举中代出英杰，成为科第世家或名门望族，选其典型介绍于下。

江西的科第世家数不胜数，常以"一门三进士"的赞誉来表明江西科举的兴盛。其实，一门四进士、五进士，祖孙、父子、兄弟均为进士的家族屡见不鲜，例如抚州乐安流坑村董氏宗族、安福县甘洛乡三舍村刘氏宗族、吉安县永阳镇曲山村萧氏宗族、铅山横林费氏宗族等等。

清代江西进士虽比宋明有大幅度减少,但进士家族仍然屡见不鲜。

九江市修水县双井黄氏宗族,是宋代江西的名门望族、科举世家。族中世代书香,人才辈出。其中最负盛名的是黄庭坚,他在文风浓郁的家族里成长,成为诗、书、画三绝的文坛巨匠。他的后代传承文脉,多人在科举中金榜题名。元代著名文学家虞集在《跋双井黄氏家谱后》中说,黄氏"孝友清节,百世之士也,其所保族于久远也,宜哉"。

鄱阳显宦名儒洪氏家族也是江西的望族之一。南宋名

吉安状元祠门坊

臣大儒洪迈，以及其伯祖洪彦昇，父亲洪皓，兄弟洪适、洪遵三代五人，是北宋至南宋期间的政坛显宦、文学巨子，活动于徽、钦、高、孝、光宗五朝，影响扩散至北国与南疆，遗惠及于后世，在中华文明史上留下了不朽的篇章。

赣州市大余县是宋代理学祖师周敦颐的学术重要起源地和程颐、程颢兄弟二人的过化地，明代王阳明又在此奋力推行教化，播下了文化的种子，到清代有了收获，尤以戴氏为盛。其中以"西江四戴"最为著名，状元戴衢亨和其叔父戴均元都高居相位，戴衢亨的父亲戴第元、兄长戴心亨也都是翰林，戴氏门庭显赫，享誉朝野。

三、鼎甲耀世

在传统社会，无数学子梦寐以求的就是在科举考试中蟾宫折桂、光宗耀祖。可是，科举的道路坎坷不平、关隘重重，只有极少数人能越过万水千山，梦想成真。从秀才到举人再到进士，可谓万里挑一。尤其是考取进士前三名的"鼎甲"，更为传奇，令世人仰望。

鼎甲获得者，无疑是科举考试的杰出代表，其数量的多少，往往成为衡量一个地方科举质量高低的重要标准。据可查的资料分析，江西士子进士数占全国比例大约10%，居领先地位。鼎甲结聚，是江西科举的奇迹。

吉安状元刘福姚匾

状元名耀天下，万众仰慕。虽然并非每位状元都能建立丰功伟绩，都能做出杰出的历史贡献，但是他们的政治荣誉和社会影响力等，依旧让他们芳名永存。

文天祥是南宋宝祐年间状元，其在殿试中的策论也展现出了他的才能。他阐述了"法天不息"之理，认为"不息"为宇宙的根本法则，不息就是变化革新。引申到政治上，同样是要变通、改革不息。年仅21岁的文天祥，能如此全面精当地论述"不息"之论，充分显示了他的卓越才华和对世事、时势的洞察能力。

明朝永乐二年（1404年），朱棣登基后第一届开科考试，殿试鼎甲三名曾棨、周述、周孟简，都是吉安府人，而且三位是师生关系。老师曾棨是状元，榜眼周述、探花周孟简是亲兄弟。当时学生二人先考中举人，老师落第。老师中举后与学生一同参加会试，师生三人在殿试中囊括鼎甲，创造了科举史上的传奇。

四、科举兴盛

在科举制度的实行中,江西涌现科举进士万余名,其中有的成为著名政治家、文学家、史学家、思想家和科学家。据李天白先生统计,在二十四史中,仅宋、明、清三朝,列传的江西名人就达732名。这是个庞大的队伍,在全国名列前茅。一代代俊杰,为民族的发展和进步做出了贡献,像群星闪烁在我国历史文化的长廊,熠熠生辉。其中,数位杰出先贤在科举制度的发展进程中,创造了影响深远的丰功伟业,书写了科举史册中的雄篇。

在我国科举发展史中,唐代是最重要的朝代。唐代科举制度、文人生活、社会现象等,都被江西王定保记录下来。他编写的《唐摭言》,是记录唐代科举制度和掌故的唯一专著,是研究的必读书。后世的著作凡是谈及唐代科举制度,都往往从中援引资料。这是江西人为科举制的研究和发展所做出的杰出贡献。

宋代的科举基本延续唐代科举理念,以儒家文化思想为重。

欧阳修作为宋代杰出的政治家、文坛宗师,积极参加庆历新政改革,执笔写了有关科举改革的条状。这一条状很合范仲淹、富弼的心意,便以朝廷名义颁布《颁贡举条制敕》。欧阳修反对脱离现实的"太学体",这也体现在欧阳修当主考官的任上。在欧阳修主考的贡举当中，一批有才有识的年轻人脱颖而出。

王安石是宋代杰出的政治家、改革家、文学家。他主持的熙宁变法，是北宋时期的一次重要改革，科举制改革是其中的重要内容，对后世产生了深远的影响。针对科举考试内容脱离实际，难以考查士子的执政能力和道德品行的问题，变法改革科举内容。王安石的变法最终没有延续下去，但是一些改革成果却被基本保留，并被后代沿用。

五、英名流芳

在千年科举中金榜题名的江西俊杰，他们的道德文章、人格品行、前行履历和奋斗业绩，记载在历史典籍中，书写在家族谱牒里，铭刻在木石匾牌上，凝结在祠堂牌坊间，流传在百姓的口中，成为赣鄱大地一份厚重而丰富的文化遗产，代代传承不息。

科举考试的各个层次就像是金字塔，只有不断攀缘，才能到达上一个台阶。这需要莘莘学子不断努力、刻苦求学，才能攀上高峰。江西不少科举名士是在较为艰苦的家庭环境中成长的，往往倾全家乃至几代之力，才能供养一个后代读书并参加科考。像江西的曾鹤龄、曾彦、蒋士铨等，无不历经艰辛，才成为一代名家。他们孜孜不倦的刻苦读书精神,树立了榜样,激励着一代代读书人发奋进取,影响了一方的学风和文风。

江西科举名贤极重视气节,既包括宁死不屈、视死如归的民族气节,也包括处世为人坚守气节,坦荡正直,维护人格尊严。这种对气节的追求,经科举名士垂范,代代积淀,辐射流传,形成了一种道德风尚,深刻地影响着江西的乡风民风。另外,江西人还极为重视对先贤的崇仰,兴办了很多祠庙、牌坊等,让先贤的功德能够垂范世人。

千年科举,江西以万余名进士、百多名"鼎甲"的宏大规模,以一代代名人贤达的非凡功业,在我国科举史上占有重要位置。先贤们或研史记志、集古鉴今;或写诗作文、论政抒怀,留下的累累著述,在民族文化宝库中熠熠生辉。他们为国为民的情怀,为理想而奋斗的精神,修身律己的品行,是留给后人宝贵的精神财富。几乎每位状元、进士都有神奇的传说在民间流传,百姓口口相传、津津乐道。科举中的精华包含与人类文明发展和社会进步相适应的因素,是中华民族优秀传统文化不可或缺的重要内容,千百年来已经融入炎黄儿女的思想观念和价值体系之中。

理学文化
LIXUE WENHUA

"宋明理学"是指宋明时期占主导地位的儒家思想形态，江西作为理学思想的发源地，在北宋时期，就涌现了一批理学大家，如欧阳修、王安石、周敦颐、程颢、程颐等人，为江西理学的发展奠定了深厚基础。到了南宋时期，朱熹集理学之大成，他和他的门徒在前人研究的基础上建立并完善了庞大的理学思想体系，并最终使得朱子学成为官学。

　　江西理学不仅在宋代突出，在元代、明代也都很发达。元明以来江西理学、心学并行发展。江西的理学大家历代有人，南宋陆九渊与朱熹齐名，在历史上是"江西之学"的代表；吴澄为元代理学最有成就的学者。明代吴与弼一人开南方理学二门，其弟子胡居仁与罗钦顺为明代中期朱子学的主要代表；另一弟子陈献章下开王阳明之学，风行海内，直至明末。陈、王虽非江西人，然王阳明的良知之学发于江西，江右王学是王门后学的大宗，江西是王学后来发展的中心之一。江西是宋、元、明时期理学发展最重要的地区。

"鹅湖论辩"雕像

削鄉貢進士胡

公率諸侯諸侯制卿大

相保而承貴而君臣

之器以別之國家治

然後故安然

事未小

朱熹集傳

下咸拇之象也感之

不言吉凶此卦雖主於感

六爻皆宜靜而不宜動也

六二咸其

一、理学萌生

自宋以来,江西文坛崛起,理学开源,名贤辈出,成就卓著。大批文学家、思想家、政治家脱颖而出,闪耀于星空;大批江西士子登科,进入仕途;中国思想史上影响一个时代的理论体系——理学,以及后来之心学,都在这块土地上萌芽。

江西作为中原文化儒家思想的边缘地,在江西地方特色文化的基础上,融合了中原文化和边缘地域文化,书写了中国学术史上的辉煌一页。经济的繁荣必然带来教育的繁荣,江西文化名人乐于兴办书院,除白鹿洞书院、象山精舍外,历代都有书院兴办,皆在中国书院史上占有一席之地,以至有"江西书院甲天下"之说。而书院教育的隆盛,带来一个时代的人才鼎盛。众多儒家文化的代表人物及文坛泰斗,如欧阳修、王安石、黄庭坚、杨万里、朱熹等都出自江西。

佛教禅宗在江西一度风靡,江西道教在中国道教史上也有重要影响。宋明理学的核心是心性之学,心性论在宋明理学的范畴和理论体系中占有十分重要的地位。而佛学和道家所提倡的人性论、心说等思想对宋明理学的形成产生了重要影响,成为宋明理学的思想渊源之一。佛道两教的广泛传播,为宋代理学的发源提供了理论基础。

宋室南迁使得中原士民大量涌入,文化精英往南迁移,为中原文化南进与江西文化繁荣提供了难得的历史机遇,南方理学由"北方而盛行于南国",如朱熹之学发展、演变而成朱子学。转变的具体过程为杨时南渡时传播洛学于福建,朱熹对其进行了继承和发展。象山之学虽自立于家塾,但是其学说的形成仍与北方籍的许忻有很密切的联

程颢、程颐雕像

系。南北思想家的交流与融合，进一步促进了南方文化的发展，江西理学的形成与发展也受到中原理学思想南渐的影响。

宋代江西经学文学思想的活跃为理学发展创造了契机。北宋以来，欧阳修、李觏、王安石等江西学者，不仅对汉唐经学提出了怀疑与批评，而且对传统经学的章句训诂式研究方法加以抨击，由此进一步对传世经典提出怀疑并进行考辨。就在这种活跃的学术思潮中，周敦颐、张载、程颢、程颐等学者在广泛吸收隋唐佛道思想的基础上，发展与改造了传统儒学，开创了宋代理学。

二、理学发展

北宋时期是江西理学的发源期,而其重要推动者首推欧阳修。欧阳修(1007—1072年),字永叔,号醉翁,晚号六一居士,吉州永丰(今吉安市永丰县)人。欧阳修非常推崇易学,他通过阐释易学的精蕴,阐发"天理与人理"概念,归纳出"理"的要义。同时,基于对"天"和"天道"的认识,欧阳修提出了他自己的天人观——"不绝天于人,亦不以天参人",对秦汉以降的"天人感应"学说进行了十分有力的批判。此外,欧阳修还提出了理学中的利、命、情、仁、义、气、五行和五常等概念。

南城县高阜镇(今抚州市资溪县)人李觏(1009—1059年),字泰伯,人称"盱江先生"。他对礼的起源进行了分析,指出礼是为了人性中的欲望得到合理发展而制定的"节文"。另一方面,他从"阴阳二气会合"而生万物的观点出发,说明了矛盾双方在一定条件下可以相互

转化的朴素辩证法思想。政治家、文学家王安石的学术思想被称为"新学"。他的"新学"体系中的最高范畴是"天道"。在认识论上,他在强调视和听的作用的同时,又承认有所谓"不听而聪,不视而明,不思而得"的先验认识。濂溪先生周敦颐,杂糅儒道,将道家思想融入儒家,尤其是以《周易》为框架,间杂二者,提出简单而系统的宇宙生成论,说"无极而太极","太极"一动一静,产生阴阳万物。程颢(1032—1085年)、程颐(1033—1107年),以高屋建瓴的理论视野创立了洛学,主要吸收了儒家孟子、张载以及佛学的精义,融合"六经"而创立"理本论","出入于老释而返于六经",并提出养气、主敬、灭私欲、明天理的观点。这提高了儒学的哲理性、思辨性,更新了儒学的理论形式。

到了南宋,朱熹成为宋代理学思想体系的完成者,也是宋代理学的集大成者。朱熹(1130—1200年)字元晦,号晦庵,徽州婺源县(今上饶市婺源县)人。他一生以讲学和著述为主,门徒众多且创建、修复

铅山鹅湖书院

和讲学的书院达 60 余所。朱子思想体系十分庞大，析理精密，论断谨严，达到了道学的巅峰。因而，一方面，其思想体系可供探索和发展的空间并不大；另一方面，门人中无人能独力继承朱子学说的全部内容。他的门徒黄榦（1152—1221 年）、陈淳（1159—1223 年）、程端蒙（1143—1191 年）等以守成为主，只在朱子学的某些方面有所继承和发展。

元朝统一全国后，全面接受程朱理学，把它作为思想统治的工具。朱子学在全国包括北方得到广泛传播，其影响所及远远超过了南宋。在当时的朱熹后学中，影响较大的是以吴澄为代表的理学家。他进一步发展了朱熹的理学思想，并将之与金溪陆九渊的学说结合起来，出现朱、陆合流的趋势。他不仅看到朱、陆相同的一面，也看到朱、陆相异的一面，因而试图解决朱子学中越来越明显的矛盾，将朱、陆调和起来。此外，新安理学自南宋形成以来，至宋元之交及元代发展迅速。新安理学是朱子学的重要分支之一。在这一时期，新安理学家针对朱熹之后"异说"纷起的学术界状况，致力于维护朱子学的纯洁性，将排斥"异论"、发明朱子学本旨作为学术研究的重心。新安理学出现了人才辈出、学术研究深化和普及读物大量出现等新气象。

明朝建立后，程朱理学仍然占据统治地位。其中吴与弼（1391—1469 年）开创了江西崇仁之学，是南方理学大家，对理学在明代的传播和发展起到了重要作用。胡居仁（1434—1481 年）信从朱子的主敬之学，是明代朱子学在江西最得力的传播者。胡居仁与陈献章一样，其学术都本于吴与弼"静中意思"，都向内求心。

与胡居仁同时倡讲朱子学于江西的还有娄谅、胡九韶以及罗伦、张元祯等学者,他们在余干县共创讲会、聚集门徒,形成一个以程朱理学为号召的学术圈,史称"余干之学"。此外,罗钦顺也对发扬朱子学做出了巨大贡献。他历官颇多,然始终留心学术,精研理气心性之说,终身尊信朱子,奉朱子为"百世师"。

明末清初,思想界形成了由朱子学学术反思与批评、"朱王之争"转到"由王返朱""汉宋之争"的学术思潮。朱子学依旧是学术主流,成为学术发展"极有力的枢纽",而阳明学、甘泉后学都有附和、合流晚明朱子学的印迹。这一时期,江西理学有所发展,然而总体上不如明中期以前,逐渐式微,但仍出现了一批朱子学者,如魏禧、魏际瑞、魏礼、王源、刘继庄、谢秋水、朱轼、李绂、裘曰修等。他们主要分为三大学

"易堂九子"雕像

派,即宁都"易堂九子"学术群体、南丰程山学派、星子髻山学派。清代中晚期,理学学派中涌现出汪绂、江永、李绂等江西理学名家。晚清之时,随着朱子学的广泛传播,最终实现理学"同治中兴"。在嘉道、咸同时期,理学士人的空间分布相较于清前期更加广泛,全国大多数省份都有一定数量的朱子学者。从学者籍贯、旅居以及影响力情况来看,与湖南、安徽、浙江、河南、陕西、江苏等位居第一层次的区域相比,江西位居第二层次。

三、心学伊始

北宋周敦颐、程颢、程颐、张载与邵雍,或为师友,或有亲谊,相与论学,共同建构了影响深远的理学。到了南宋,理学得到长足发展,朱熹、张栻、吕祖谦分别为道南学派、湖湘学派、浙江之学的重要代表。朱、张、吕并称"东南三贤"。这三家之外,陆九渊同样卓异特立,创建了与朱熹理学并立的心学,称为象山心学,也是江西之学的主要代表。因此,陆九渊是宋明理学心学一派的开创者。

陆九渊1172年中进士后,在临安广接士人。淳熙十四年(1187年)至绍熙二年(1191年)六月,他在贵溪象山精舍讲学,门人及从游者达千余人。心学迅速传布,成为一大流派。陆九渊早年因"宇宙"二字体悟到"无穷"的含义,进而提出"吾心"与"宇宙"之间存在一种"即是"的关系。他结合《孟子》的天赋良知良能,将"本心"的内在道德含义与宇宙的时空"无穷"含义联系起来。本心即是理,"此理塞宇宙",宇宙为无穷。陆九渊常常以"此心此理"来表达心与理的一致性,实际上也就是"本心"的含义。本心是孟子的观念,理是理学的观念。他通过融通二者,建立其心学思想。

淳熙二年(1175年),应吕祖谦(1137—1181年)邀约,朱熹和陆九龄、陆九渊兄弟聚会于鹅湖,两大学术思想在这里激烈碰撞,由此开启了朱陆学术之争。鹅湖之会后,由于朱熹指称,陆氏之学被称为江西之学,陆九渊也就成为江西之学的始祖和代表。

四、心学沿革

明中期是江西理学发展的又一高峰,同时也是江西心学发展的辉煌时期。两个重要的理学家吴与弼、胡居仁都出生于江西,在江西打起了"崇仁之学"和"余干之学"两面大旗。王阳明接受了"江西之学"的传承和影响,在江西实践了"致良知"的体验并最终完成心学理论的构架。

明代黄宗羲说,王阳明学成之后,又有三变:一是自此以后"尽去枝叶,一意本源";二是江右以后"专提致良知三字";三是居越以后,所操益熟,所得益化,"开口即得本心"。这表明王阳明的心学思想经过了一个发展、体验、凝练以至成熟的过程。在这个过程中,"良知说"是心本体论的核心,"致良知"则是方法论。

王阳明像

　　而对"良知"的体验，是在江西完成的。王阳明在南赣戡盗平定宸濠之乱时正是他的"致良知"学说由"往年尚疑未尽"，发展至心中"益信"的成熟阶段的过程。在以后的十多年间，王阳明在江西大倡"良知"，授徒讲学，逐渐形成一支包括了江右王学、浙中王学、南中王学以及楚中王门、粤闽王门、北方王门在内的庞大的陆王心学群体。而在这些王学流派之中，又独以江右王学为得其传。出于王门的江西学子人数众多，安福邹守益、刘文敏、刘邦采、王时槐，泰和欧阳德，临川陈九川、徐爱、钱德洪，永丰聂豹，吉水罗洪先，南昌万廷言，等等，都是明代著名的理学家。

　　在整个明中后期，江西王门后学都非常活跃。王阳明"四大弟子"

中的何廷仁、黄弘纲以及何廷仁的二兄何春、管登和袁庆麟等，都堪称一时之俊彦。这五个人的乡籍都是江西于都，时称于都"理学五子"。此外，王阳明弟子王艮首创了泰州学派，泰州学派后复传入江西，出现了以广信府贵溪人徐樾、吉安永新人颜钧、吉州永丰人何心隐、建昌府南城人罗汝芳等为代表的倡扬自然人性论、危言放行的"狂禅派"泰学，与程朱理学及王学正统相对立。

聂豹（1487—1563年）、罗洪先（1504—1567年）、邹守益（1491—1562年）等都承接了王阳明的心学思想，并结合时情时弊对心学做进一步阐发。

江西泰和人欧阳德（1496—1554年）是明朝江右王学的主要代表人物之一。他对"格物致知"义旨的阐发，对于矫正王学中"归寂派"的流弊，作用尤大。他的思想主要体现在：第一，良知与知觉的关系。他认为知觉与良知虽同称为名，但二者具有本质区别。第二，良知的动与静。欧阳德指出，良知本虚，知是知非的道德主体是良知的体，而对现实的认知行为活动是用，体用合一，所谓的"静"不会存在于脱离现实的"动"之外。

佛禅文化
FOCHAN WENHUA

江西的佛禅文化渊源深远。净土宗、禅宗作为中国佛教八大宗派的其中两派，就在这片土地上建宗立派、接续繁衍。

东晋发源于庐山东林寺的净土宗，已然形成一种延至现代的净土宗文化。南禅的"五家七宗"，沩仰之"仰"，即来自宜春的仰山；临济祖庭在今天的宜丰黄檗；曹洞宗则创立于宜丰洞山与宜黄曹山；云门、法眼二宗分别由文偃、文益创自广东韶关云门山、江西临川崇寿禅院；临济分支之一的杨岐派位于萍乡地区，另一分支黄龙派，其祖庭则在江西修水。

在赣地开宗立派的祖师大德很多，如马祖道一、百丈怀海等，而青原行思、道吾宗智原就生长并弘法于此。江西为南禅的孕育繁衍提供了充满生机的沃土，近现代孕育出像虚云这般以一人而承接临济、曹洞等五宗法脉的高僧。

在江西历史文化中，两大佛教宗派紧密关联，在赣地上绵延传承久远，以文化的种种方式演绎发展。在这一过程中，佛教中国化是一种大趋势。

奉新百丈寺

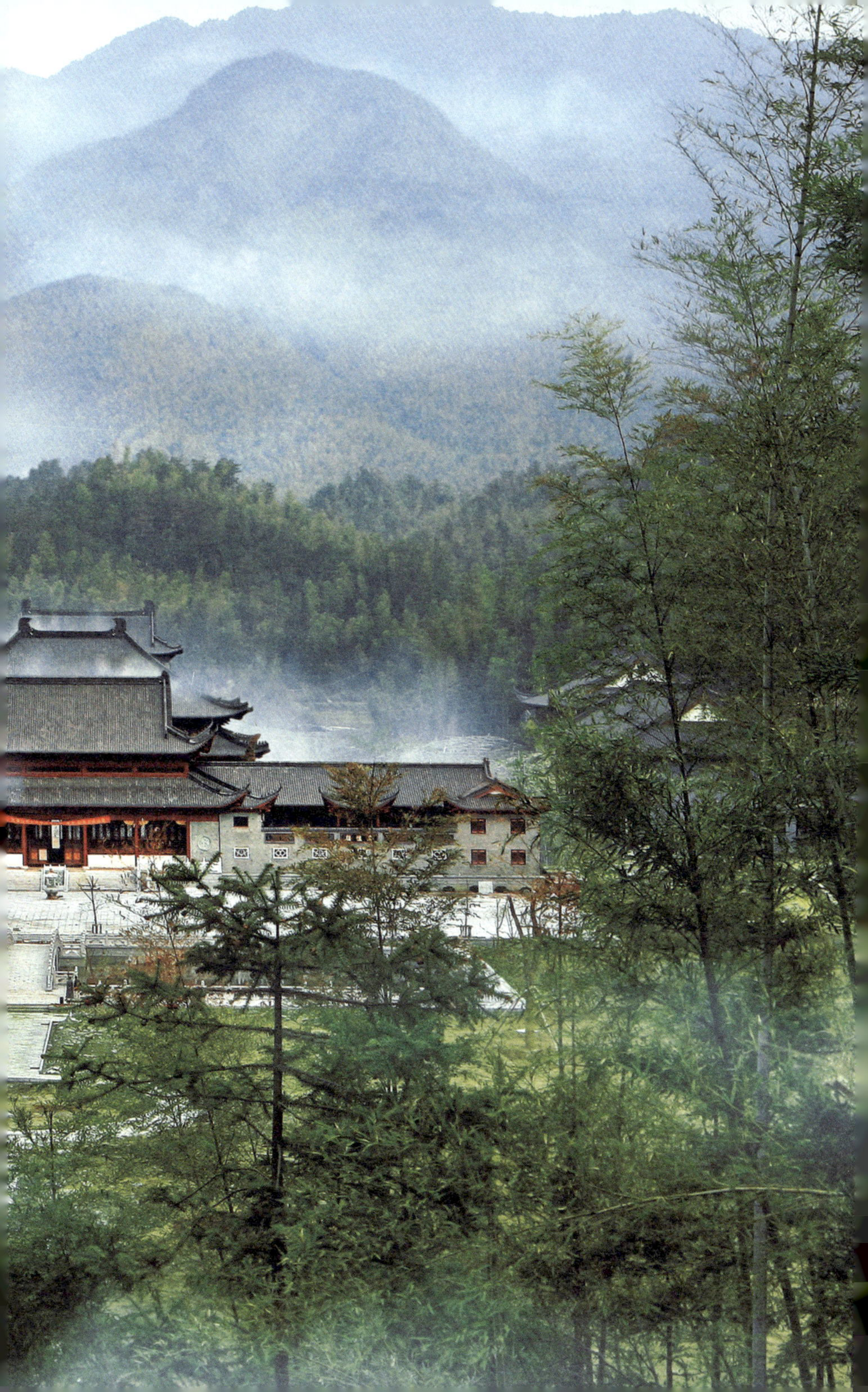

一、净土莲社

佛禅文化,是江西传统文化中的重要组成部分,佛教中的两大宗派——净土宗、禅宗与江西结缘甚深甚厚。相较而言,净土宗与江西结缘时间更早。东晋太元九年(384年),自江州刺史桓伊接受慧永提议而为慧远建寺时起,庐山便成了中国佛教净土宗的发源地,而东林寺亦成了净土宗祖庭。慧远(334—416年)在庐山东林寺的开宗之举,成为佛教中国化历程中迈开的一大步。

慧远13岁起便随舅父游学洛阳、许昌等地。在中原文化的熏染下,他"博综六经,尤善老庄"。21岁那年,他在聆听道安讲《般若经》后,就追随道安出家修行,并在庐山结社摄众、著书立说,倡导"念佛法门"。

当时,净土宗主要分为两派,一是弥勒净土,二是弥陀净土。慧远为弥陀净土的践行者,他起建莲社,揭开了净土宗念佛法门全面实质性弘传于中国的序幕。

佛教的中国化,从翻译经典开始。慧远的时代,恰遇一个佛教译经的时代;而慧远自己,也构建出一个译经事业的上好平台。当时,他遇到的最为重要的人物是鸠摩罗什。在与鸠摩罗什的交流和思想碰撞下,慧远大力推行译经事业,让东林寺成为中国翻译史上第一座私立译场,极大地推动了佛教义理的中国化进程。

慧远庐山僧团的修行实践,对开创东晋时期净土宗的意义,体现在融禅宗和弥陀净土信仰为一体,这为佛教中国化发挥了积极的作用。

庐山东林寺

二、净土承传

  净土宗从慧远始至印光止，共有 13 位祖师。事实上净土宗历代祖师并无前后传承法脉，而是后人据其对净土宗弘扬的贡献推举而出。印光所撰《莲宗十二祖赞》，即以慧远、善导、承远、法照、少康、延寿、省常、袾宏、智旭、行策、省庵、彻悟依次为莲宗 12 祖。而后，印光（1861—1940 年）则被其门下推为第 13 祖。

  近现代，以印光为代表的一批重要人物出现，使净土宗得到复兴。这一时段的净土宗文化是一种在高僧、文人、居士的互动氛围中孕育成的文化现象。

  现代中国高僧虚云（1840—1959 年），一生极重视《楞

庐山东林寺慧远铜雕像

严经》,并建立起自己的禅净观。弘一,即李叔同(1880—1942年),拜印光为师,与净土宗缘分极深。此外,中国近现代史上还有几位著名居士,如杨文会(1837—1911年)、欧阳竟无(1871—1943年)、桂柏华(1861—1915年)等,他们与净土宗各有渊源,从而成就了那个时代的"居士佛教"群体。

回望东林寺的千年历史,慧远及其共修的僧团以此为基,开辟了与各界名士的交往渠道。如刘遗民、陶渊明、谢灵运、陆修静、韩愈、白居易、李白、孟浩然、韦应物、徐霞客、周敦颐、苏轼、黄庭坚、岳飞、朱熹、陆游、王阳明、康有为等,都曾到过庐山,在东林寺受到佛教文化的影响。

东林寺净土宗在佛教中国化的历程中,其组团、译经、戒持等活动,是一种佛教中国化的起步之举。庐山僧团与文人士大夫的特有关系,也是一种文化范例。

三、一脉二支

禅宗与江西的渊源极为深厚,其传播之广,又与文人士大夫的宗教情怀、文化趣味关系极大,是江西本土文化中极为珍贵的资源。唐代六祖惠能之后南宗禅的"五家七宗",在江西境内道场林立、高僧云集。唐代中期江西历经"马祖建丛林""百丈立清规",开创了整个中国禅宗文化的辉煌时代,并使江西当之无愧地成为了"五宗"发祥之地。用"禅宗圣地"来形容当时禅宗盛行的江西毫不为过。

中国禅宗自初祖达摩传法于中土,经二祖慧可、三祖僧璨、四祖道信、五祖弘忍,直至六祖惠能而大盛。惠能(638—713年)改变了中国禅宗的发展方向。而佛教中国化,也正是经惠能南禅法脉不断延续深化而完成的。六祖惠能门下可谓人才济济,法脉传承最远者,一为青原行思系,二为南岳怀让系。此即禅宗史上的"一脉二支"。青原行思(671—740年)在吉安,南岳怀让(677—744年)在衡山,各坐一方道场。行思门下的石头希迁(700—790年),在湖南广行教化,打下了"五家禅"中的曹洞宗、云门宗、法眼宗的基础。而怀让门下马祖道一(709—788年)离开南岳,在江西广开教化,创立洪州宗,其弟子弘演出"五家禅"中的沩仰宗、临济宗。

百丈怀海(720—814年)奉马祖道一为师,首倡禅门清规,为中国禅宗"农禅"创始人,制定"百丈清规",赓续禅宗传承。

四、五家七宗

"方圆默契"沩仰宗 马祖、百丈之后,五家七宗中最早出现的就是沩仰宗,它是达摩预言"一花开五叶"中的第一叶。该宗的得名,是因开创者灵祐禅师(771—853年)和他的弟子慧寂禅师(806—883年)先后住持于潭州沩山和袁州仰山。发端于沩山、成形于仰山的沩仰宗的创立,标志着中国禅宗已开始进入承祖分灯的时代。

灵祐、慧寂的垦荒开田、自食其力,直接承续了百丈怀海"一日不作,一日不食"的农禅并修的作风。"方圆默契"的沩仰家风,将体认和发掘自心放在首位,认为人皆能明心见性。五代末,沩仰传至第六世蕲州三角山志谦和第七世郢州兴阳词铎,宋以下有无传承则未见史载。史家

宜春仰山栖隐禅寺内"方圆默契"照壁

谓其法脉断绝，然其在韩国却盛传至今。20世纪50年代，虚云移居永修云居山真如寺后，念此宗法脉中断已久，而遥承七世祖词铎的法脉，为沩仰宗八世祖。此后沩仰法脉重兴海内外。

"立处即真"临济宗　临济宗在赣地影响甚大。这固然与其流传时间久远有关，也与临济宗创立者义玄（？—867年）接续洪州禅法，并确立起极富特色的禅法相关。洪州禅的"即心即佛"对其极富个性的"立处皆真"之门风形成，具有决定性意义。黄檗希运（？—855年）是百丈怀海的法子，自幼于江西高安的黄檗山出家，是开发出临济宗的首要人物。

从唐到宋，临济宗以"遍天下"势头演绎发展着。时至11世纪上半叶，即宋真宗、仁宗时代，从临济宗分支而出的黄龙派，又一次掀起临济宗的一个高潮。临济宗下传七代即为黄龙慧南禅师（1002—1069年）。慧南在修水黄龙山崇恩院创派，弘法行化30余年，几乎全在江西境内，然其影响却遍及全国，连王安石、张九成、"三苏"父子也都是黄龙派的方外居士。高丽国师和许多日本僧人也拜在黄龙门下，将黄龙禅法传入朝鲜半岛、日本岛以及东南亚地区。

杨岐派是临济宗的另一支派，它与临济宗的黄龙派几乎同时兴起于北宋年间。开创者方会（992—约1049年）在杨岐山普明禅院（今萍乡杨岐山普通寺）倡导举扬此宗。

杨岐方会注重"返璞归真"。杨岐派曾于宋元时期传入日本。日本安国寺的一休和尚就是杨岐派弟子,他对日本近现代禅学影响较大。

"五位君臣"曹洞宗　曹洞宗由石头希迁、药山惟俨、云岩昙晟、洞山良价、曹山本寂代代相续培育造就。石头希迁的"回互观"是此系思想的源头,"偏正五位""君臣五位"形成曹洞宗的基本义理。曹洞宗能长久延续、发扬光大,得力于一大批中坚人物,云居道膺与疏山匡仁是其中代表。云居道膺(853—902年),随良价参禅,得其法脉;学成后初居三峰山,再住云居山,广接四方禅者。匡仁(857—约937年)则在抚州金溪疏山寺住持,弘扬曹洞宗风。南宋陆九渊曾在疏山古寺苦读3年,体验禅林生活,为其创立心学播下了种子。

"截断众流"云门宗　云门宗,发源于广东省韶关市

吉安净居寺中明代王阳明题写的"曹溪宗派"

乳源县云门山光泰禅院，由文偃（864—949年）创立。文偃创宗之前在江西参学、开法多年，早已形成自己的禅风，晚年才去广东云门山。在禅宗史上，江西这块土地是云门发源之地。文偃直承曹洞"即事而真"的理念，还受黄檗希运的影响，他参访过江西的曹山、疏山、归宗等寺，与曹山本寂还有过机锋相挂之辩论。云门以"云门三句"立宗。

"理事相资"法眼宗　法眼宗是禅宗五家中的最后一宗，是五代末期至北宋前期极有影响的禅系。法眼宗创立者文益（885—958年）经教造诣颇深，又能在华严思想基础上形成一套自己的顿悟渐修的禅法思想，因此法眼宗在南唐、吴越时期广受重视并得到发展。文益还是一位最早以文字对禅门各宗之风格特征、门庭设施做出概括的杰出禅师。这不仅是学养学识的积累之功，更需有眼光见地的穿透之力。法眼宗以临川崇寿禅院为第一道场。从文益至永明延寿，三代嫡传，其后便趋于衰微乃至绝于中土。但是，永明延寿的36位高丽弟子，将其法脉真源弘传海外。

近现代以来的江西禅宗，虽不能与唐宋时期相比，但也不乏高僧大德。其中就出现了一位振兴天下禅林、接续五家法脉的高僧——虚云。这一时期，德森、法亮、法云等，也是江西禅门大德。

道教文化
DAOJIAO WENHUA

道教是中华民族的本土宗教,道教文化是中华民族传统文化的组成部分,也是赣鄱文化百花园中别具色彩的一朵奇葩。江西是中国的道教文化大省,历史悠久,底蕴深厚,这里流派众多,名人辈出,是中国道教至为重要的发祥地、兴盛地之一。

在长期的历史进程中,道教无论是教派还是符箓、科仪、丹鼎,都与江西关系密切。道教三山符箓江西有其二;四大宗坛江西有其三。在赣鄱的山水形胜间,先后形成了"天师道(龙虎宗)""灵宝派(阁皂宗)""净明道(净明派)"等宗派;江西道派气象繁盛,创立于江西之外的宗派,也都曾进入江西境内活动。江西道教名山众多,有5个小洞天和12个福地被列入道教"正史",庐山、西山、三清山、灵山、葛仙山、龙虎山、麻姑山、阁皂山等闻名全国。

道教文化贯通于古今社会,渗透于人们日常的衣食住行之中。历史上江西地区的思想、文化、艺术,尤其是书画、地图、医药学、文学,无不与道教文化密切相关。江西道教文化底蕴深厚,创造力强,形成了江西特有的"天师文化""灵宝文化""净明文化"等。在推进我国宗教中国化的进程中,江西道教积极与社会主义文化建设相适应,传统的道教文化焕发出新的生机。

鹰潭龙虎山天师府玉皇殿

玉皇殿

道教祖

一、道教起源

图腾文化是人类历史上最古老、最奇特的文化之一,是与现代文化渊源较多的一种文化,同时也是一种最复杂的文化。它是在一定的历史时期和历史情境中产生的,受生产力发展水平和生产关系影响和制约。赣鄱大地的文明史在新石器时代开始谱写,先民们在超越生存局限的生活行为和生产实践中,催生出万物有灵思维,进而产生原始崇拜、图腾文化、神仙观念。如此种种,伴随着先民们的生产与生活而流行,也成了道教的历史源头。

图腾崇拜 图腾崇拜是人类最早的宗教形式。原始宗教总是从自然崇拜、生殖崇拜、祖先崇拜等展开。中国历史上的许多文化现象都源于图腾文化,江西道教文化的渊源也印证了这一点。在商代,出现了"羽人"崇拜。"羽人"成仙是道人的基本意识,以至于"羽人""羽客"成为道士的代名词,而道士去世也被称为"羽化"。

赣傩文化 赣傩文化和道教文化紧密相关。"巫"是远古社会从事祭祀工作的神职人员,也是古代社会精神与文明的创造者、弘传者。他们用神秘的象征借代手法,以祭祀为主要方式来表达自己或群体的观念和理想。中国的巫傩文化源远流长,早期的赣傩是综合中原文化、吴楚文化及赣鄱本土文化而形成的一种文化形态,它以"驱疫纳吉"为宗旨,以逐傩巫舞为形式。在长期的历史发展进程中,道教与傩舞一直相辅相成。江西流行的傩舞,以抚州南丰和萍乡上栗最为出名。

仙人传说 先秦时期,赣鄱流域出现的仙化人物传说,大体上可以分为两大类。一类是以黄帝为代表的部落联盟首领群体,包括尧、舜、禹等，他们是中华民族的先祖，也是后世道教建构的神仙谱系中位格极高的一类神。另一类则是社会上各群体人物中的典型，其中，西山洪崖、庐山匡俗、云梦山鬼谷子、鄱阳吴芮、宁都张丽英、豫章梅福等在赣地影响较大。这些仙化人物，在赣地留下了足迹，也在道教和民间传颂着佳话。

创道龙虎 鹰潭龙虎山是中国道教的重要策源地，是天师（正一道）的祖庭。大约在汉章帝建初五年（公元80年），张道陵（原名张陵，公元34—156年）与弟子王长跨淮河过长江，由鄱阳湖进入江西，开始他在赣鄱大地上的创道活动。张道陵创立了中国道教史上最早的道派天师道，有几方面的奠基之功：一尊老子为教主；二奉《道德经》为经典；三著《老子想尔注》阐述自己的道教思想；四是开启托名神仙降世传授真法的套路。

阁皂问道 樟树阁皂山是灵宝箓坛之地，是江南道教

樟树阁皂山大万寿崇真宫

的中心之一。在道教建构的人物谱系中，若论名号大小，能与张道陵比肩而称的只有葛玄、葛洪祖侄。他们长期在以阁皂山为中心的江西地区活动，不仅奠定了灵宝道的发展基础，也开辟了上清道前进的方向。葛玄、葛洪的理论和实践，对江西乃至整个中国道教史产生了深远的影响。

二、道门流派

天师道 天师道是中国道教最早创立的道派之一，也称五斗米道、鬼道、正一道。天师道在江西的发展，严格意义上讲，是在第四代天师张盛之后。天师子孙世居龙虎山中，潜心修道，代代相传。不论世间风云变幻、朝代更迭，传承自祖天师的学说与法脉一直延续。龙虎山的法派又分衍出紫微、虚靖、灵阳及天心等法派、支派。南宋时期，正一派的中心转移至江西龙虎山。由此，龙虎山正一宗坛、阁皂山元始宗坛、茅山上清宗坛，共同构成道教的三大法坛。

灵宝派 灵宝派与天师道创教路径不尽一致，但都崇尚道家哲学，尊称老子为"太上老君"。因灵宝派内的宗派不同，崇奉的祖师并不一致。弋阳、铅山一带的灵宝派道士崇奉葛玄（164—244年），上饶、玉山、德兴、广丰诸县的灵宝道人则推崇葛洪（283—363年）。自从葛玄、葛洪于阁皂山修道，天下灵宝派都以阁皂山为祖庭。灵宝派以"齐同慈爱，济度众生"为宗旨，体现了中国宗教以救人济世为本、关心社会福祉的人文精神。其重视斋法仪式的研究和创设，则广泛影响了民间宗教乃至传统社会中的国家祭祀仪式。

净明道　净明道，亦称净明派、净明忠孝道。此派系从灵宝派分化而来，为南宋新出道派中的一个重要派别，奉许逊（339—374年）为教主，以南昌为活动中心。净明道承灵宝之传统，又吸收上清、正一之学，加以改造，形成一种新符箓。其教旨的显著特点在于以传统伦理孝悌之实践及内丹修炼为施行道法的基础，以"心性"即所谓"净明"为整个教义的枢纽。万寿宫与净明道关系密切，南昌西山万寿宫是万寿宫的祖庭。

全真道　全真道，亦称全真教、全真派，为金代产生于我国北方的新道教，是道教的主要流派之一。江西早期的全真道士，主要出自金丹派南宗，是著名道士白玉蟾的法脉，代表性人物为吉安人陈致虚（1290—？年）。还有一支是武宁太平山广惠派。明中叶以后，全真道龙门派有两位南昌人——伍守阳和柳华阳——是这一时代的翘楚。他们所创的龙门支派被称为"伍柳派"。伍柳派的贡献，一是打破了宗教间人为设置的障碍，揭示了儒、释、道三者在内丹学修炼中名异实同的内涵；二是将古

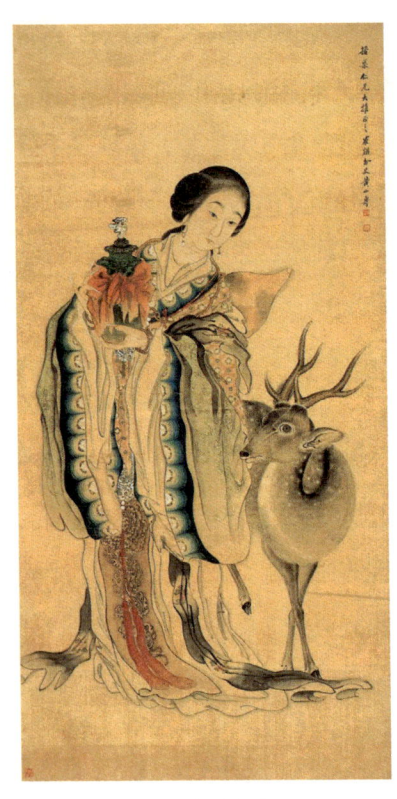

黄山寿《麻姑献寿图》（清代）

代丹法的隐秘用浅显直白的语言揭示出来。明清时期，全真道因伍柳派的出现而有了中兴气象。

神霄派 神霄派是北宋末年诞生于江西土地上的一个重要流派，是江南符箓新派的重要代表。神霄派创始人王文卿（1093—1153年）以其神霄雷法受到宋徽宗尊崇。南宋时全阳子萨守坚为神霄派代表，被奉为正一派"四大天师"之一。南丰军峰山是符箓道派形成与发展的基地，是正一派、灵宝派、上清派祖庭所在。

北帝麻姑 麻姑既是神话传说中的女仙，又是一个近于家喻户晓、妇孺皆知的神话人物，在道教神仙谱系中的位置仅次于上清派创始人魏华存。唐朝开元年间，麻姑山道士邓紫阳奏请朝廷批准，设立以麻姑为神主的麻姑庙，在道教中开创了单独祀奉麻姑的先例，进而创立了江西乃至全国道教的一个新的宗派——北帝派。抚州麻姑山也成为南方道教的一大重心。

庐山仙人洞

三、文化建构

洞天福地 "山不在高,有仙则名。"道教自产生起就与名山胜水结下了不解之缘。在道教的神话传说中,洞天福地是人间仙境,在那里能得到神灵的护佑和仙人的指点,是凡人得道成仙的地方。洞天福地多以名山为主,或兼有水域。洞天福地的说法,始于唐人杜光庭《洞天福地记》,他把全国的名山胜地分为"十大洞天、三十六小洞天、七十二福地"。江西占据了其中的5个小洞天和12处福地。

江西被划入洞天的5个地方,分别是庐山洞、西山洞、鬼谷山洞、玉笥山洞、麻姑山洞;12处被称为福地的地方,分布在九江、吉安、上饶、

铅山葛仙山葛仙祠

鹰潭、宜春、抚州等多个地方。千百年来，众多道士遁迹于洞天福地之中，留下了大量的人文景观、历史文物和神话传说，又催生出记述道教名山沿革、古迹、人物、风俗的文章书籍，最具代表性的便是山志。

在江西名山胜迹中，有道士活动的地方远不止这些，其中名气较大的还有铅山葛仙山、上饶三清山、萍乡武功山、乐安华盖山、崇仁相山、武宁太平山等。它们中有的是道教祖庭，如华盖山是天心派祖庭，太平山是广惠派祖庭；有的名列江南道教十大名山之一，如武功山；有的更是世界自然文化遗产，如三清山。上述诸处都是不可多得的自然与人文景观交融的名山。

宫府观院 道教祀神的祠庙，一般称为宫府观院，是在我国古代敬天祭祖的基础上形成和发展起来的，其历史源远流长。在江西道教史上，大的道教建筑群，主要在龙虎山、阁皂山、玉笥山、庐山、相山、武功山、华盖山等处。这些建筑无不体现着道教之范和中国传统建筑之魂。

龙虎山代表性的祀神建筑是上清宫，其初为张道陵的草堂，四代天师张盛在这里建"传箓坛"，占地面积30余万平方米，其规模居江南宫观之冠。民国时期，整个建筑群遭焚毁，断壁残垣也喻示着这一时期道教的式微。此外还有天师府、正一观等也是龙虎山道教的代表建筑。

庐山的道教宫观不少，最知名的有两处。一是仙人洞，因吕洞宾于此修炼得名。洞中建有一石制殿阁纯阳殿，苍色的山岩下，依山邻壑建有一斗拱彩绘、飞檐凌空的殿阁楼老君殿，歇山式的单层建筑，庄重而又灵巧。另一处是太平兴国宫，始建于盛唐，原名九天使者庙，宋时改名为太平兴国宫。

崇仁相山的道教建筑群是江西现存规模最大的古建筑群，也是中国古代祭祀礼制的杰出代表，主体部分占地5000多平方米。其中最古老的建筑是神道阙、神庙、祭坛，它们是一个整体，建于汉代，全部用块石垒砌而成。整个遗址规模宏大，犹如一座宫殿。

法事科仪 作为社会化的人文宗教，道教有一套自创的活动运行方式，有其特有的仪规。它时刻体现着消灾祈福的生命追求，这就是道教的仪规——符箓与斋醮科仪的特性。箓文是张道陵首创，作用之一是作为记录天神的名册；另一个功能就是道师们书写的牒文，通常可以佩戴在身上，又称为"佩箓"。在道教宫观内，人们常常看到道士们身着金丝银线道袍，吟唱着古老曲调，在坛场里舞动,这就是道教的斋醮科仪,俗称"道场"。真正把科仪制度建构起来的是陆修静。科仪比斋醮的含义更广泛,是对道教的经诰、戒律、规范、礼仪等多方面的统称。

道书编修 道教初创时期,其经书还不多,主要是《老子五千文》,重要的还有《老子想尔注》《太平经》(又名《太平清颂书》)、《周易参同契》等。魏晋以降,随着道教的不断发展,道士创作、编纂道书的风气大行,体现着道教的教理教义,涉及天地、阴阳、五星、十支、实异、神仙以及符箓、针灸等诸多领域。《道藏》是道教经典总集,是按照一定的编纂意图、收集范围和组织结构,将能够搜集到的所有道教经籍编排起来的大型丛书。唐玄宗时纂修成藏,后数经破坏、重修,其间既有道门中人的前赴后继,也有许多专家学者的孜孜以求。

道教文学 道教的文化活动及其传说,是古典文学创作中一块盛产诗人的土地,陶渊明、陆修静、白玉蟾等人留下了不少咏道诗。陆修静(406—477年)是南朝刘宋时期道教之集大成者、上清派宗师。他创造的"步虚词",成为一种特色鲜明的道教文学体裁。白玉蟾(1194—1290年)遍访赣地道教名山,留下了164首诗篇。道教题材的散文创作在唐宋时大盛,留下了诸如颜真卿《有唐抚州南城县麻姑山仙坛记》、周必大《临江军阁皂山崇真宫记》等江西文学史上的散文名篇。道教与戏曲的关系极为密切，道教文化活动中有一种道情戏，它是道士以敲渔鼓、击大简板为说唱方式的普及性民间宣传活动。道教戏曲理论与戏剧创作也应运而生，代表的作品有朱权《太和正音谱》与汤显祖的"临川四梦"。

四、道通古今

尊道贵德的伦理 在传统社会里，身体发肤，受之父母，不敢毁伤，这是孝；不偷盗，不取非义之财，不妄语诽谤他人，这是德。道家伦理与儒家思想有许多相通之处，但也有不少独到的闪光点。在道家伦理思想体系中，指导性的原则精神主要体现在以下两方面：其一是自然无为。道家的"无为"，并非指消极避世，无所作为，而是按道行世，处世立命，顺从事物之自然，不违背事物运行的规律，摒弃妄自作为，这是一种生存处世的大智慧。其二是劝善教化。道家追求的，是精神不为外物所累，是广行善举，是利物济人。

自然无为的管理 道教作为一种社会实体与文化现象，本身是复杂的。道教一方面追求延年益寿的生活状态，另一方面，又主张积极入世，实现人间社会的太平安康。因此，道教文化既是追求生命之道的文化，同时也蕴藏着深刻的管理之道、行政之道、治国之道，是主张身国同治的文化。道教的管理智慧，一是行不言之教，二是君逸臣劳，三是"不敢为天下先"。道家管理思想的核心理念就是注重人性，以人为中心，尊重人，发挥人的主观能动性。

神形兼具的艺术　在中国艺术史上，道教艺术占有自己的一席之地，尤其在书法、绘画与音乐方面。道教书法因"画符"而独具特色。道教绘画中，壁画和文人道画造诣很高。道教音乐则以鲜明的文化内涵和独到的艺术特质，成为我国宗教音乐乃至传统民间音乐的重要组成部分之一，"龙虎山正一天师道道教音乐"被列入第四批国家非物质文化遗产代表性项目名录。

贵生重我的养生　重视生命是人类共同的行为准则。要重视生命，就必须了解生命、研究生命，从而形成保护生命的理论与方法。在道门中人看来，人的生死存亡、寿命长短，不取决于天命，而在于自己。只要善于修道养生，安神固形，便可长生不死。道教养生思想概括起来，主要是：道法自然，清静无为；趋利避害，颐年尽数；阴阳平秘，脏腑协调；先天后天，天人和谐。养生的方法有：精神养生、形体养生、起居养生、气法养生、饮食养生。道教的养生智慧可以为今人养生提供知识借鉴。

救己济人的道医　道医是中医的重要组成部分，是中华医学的宝藏。《黄帝内经》《神农本草经》是道门长久以来授受不绝的中医要典。道医不是道教，它是在

饮食药膳

中国传统医学和道家理论与实践的推动下，由教内宫观道士学者、教外道家学者一道，以道利生、以医济世而演化出的医学流派。他们面对被疾病缠身而无助的人们，能够从实际出发，不断探索，认真总结，从而形成了一套能够解病去疴并为群众所接受的基本理论和治疗方法。

书画文化
SHUHUA WENHUA

江西书画文化的源头，可以追溯到赣西北远古文明遗址出土文物上的字符和彩陶纹饰。而西汉海昏侯墓出土的竹木简牍、印章和漆器，更是可以在书画史上留下浓墨重彩的一笔。江西书画艺术就是以这样一个令人惊艳的亮相展开了自己精彩的华章。

　　江西书画艺术史可谓名家辈出、影响深远——水墨山水鼻祖董源、巨然，水墨花鸟创立者徐熙，草书艺术一代宗师黄庭坚，被视为中国水墨写意艺术高峰的书画巨匠八大山人……他们留下的翰墨瑰宝，影响至今。画坛中"江西派"（亦称"西江派"）的创立者罗牧，奔走全国，让"江西派"的名字在全国画坛留下印迹，也让江西画家作为一个群体名震一时。

　　江西秀美的山川引得无数书画家拜谒，并留下了丰富的杰作，或为画卷，或成刻石。颜真卿的《麻姑仙坛记》至今依然留存在抚州麻姑山。近代以来，江西书画名家辈出，不仅有"范蝴蝶"之称的范金镛，画坛巨擘陈师曾、傅抱石，还有近代美术教育先驱李瑞清等，他们积极探索艺术前沿，在文化革新中发出时代强音，在文艺发展百花齐放的春天绽放活力。

董源《潇湘图》（局部）（五代）

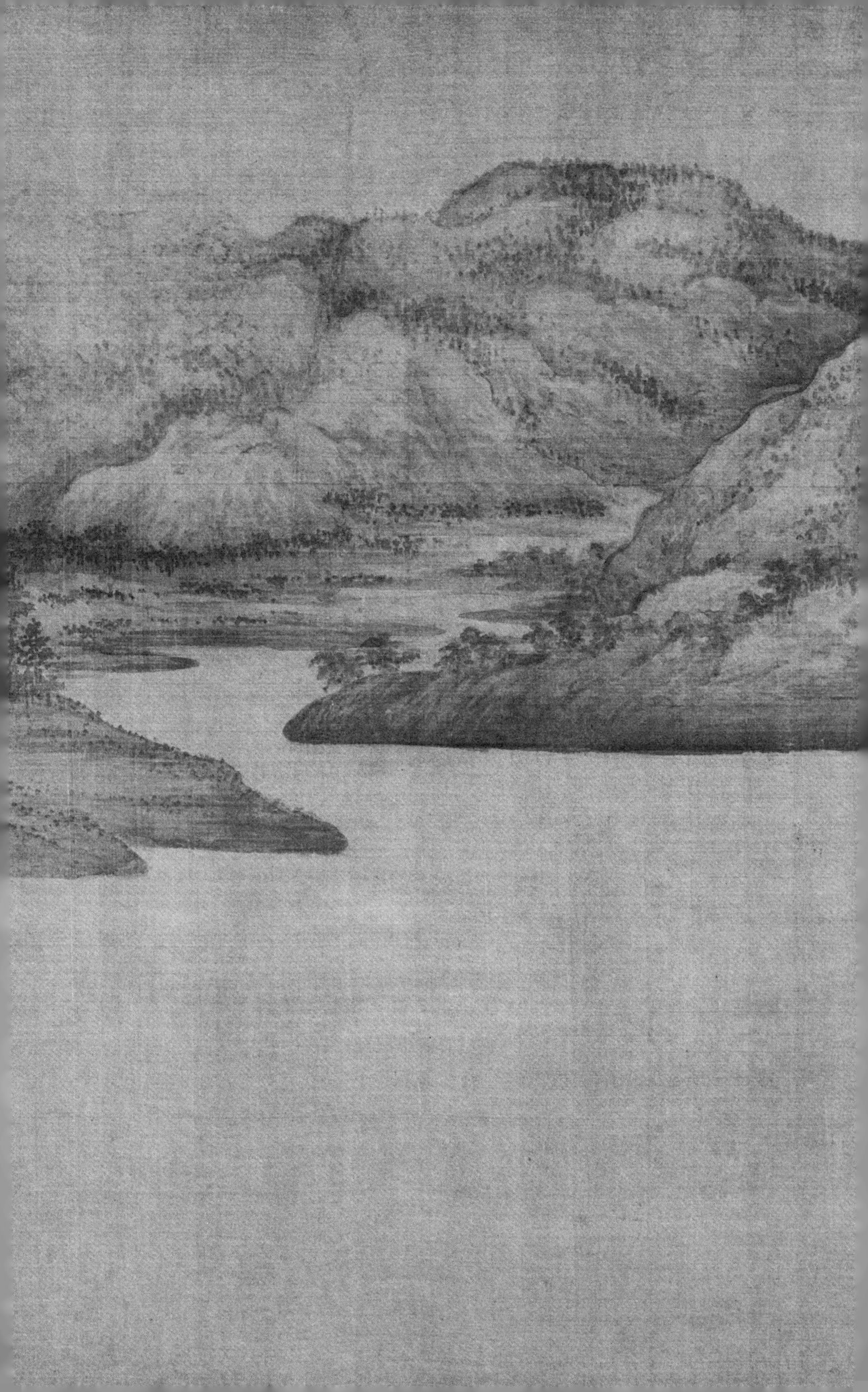

一、开宗立派

江西艺术史上从不缺乏开宗立派的书画大家。南唐至北宋时期的董源、巨然被公认为"南派山水"的开派宗师;徐熙是中国水墨花鸟的开创者;宋代黄庭坚是书法"宋四家"中最具创新精神的一位,其草书造诣极深,堪称唐代以后的第一位草书大家;清初八大山人则将中国水墨写意艺术推上了高峰,其巨大的艺术影响力跨越时代、超越国度。

董源 董源(?—962年),字叔达,钟陵(今南昌市进贤县)人。作为一位全能的画家,董源对山水、人物、花鸟、走兽各种题材的绘画,可谓无一不精。其山水画的成就最为突出,对宋代以后的中国山水画发展影响深远,被奉为江南山水画派的鼻祖。董源开创性的"披麻皴""点子皴"以及秀润清雅的水墨风格,由其弟子

巨然、刘道士等继承,历经宋元名家以及明代"吴门画派""淞江画派"、清代"四僧""四王"的继承发展,形成了中国山水画的主流。明代董其昌对董源推崇备至,将董源奉为山水画正宗"南派山水"的鼻祖、文人写意山水的开创者。

巨然　在董源的亲授弟子中,巨然是最为著名的一位。巨然,生卒年不详,钟陵(今南昌市进贤县)人。五代北宋时期杰出的山水画家。巨然师法董源,其皴法、苔点与董源山水画相似。其山水画轻岚淡墨、烟云流润,给人以温润不外露刚拔之气的感受,也神似董源。但巨然的画也形成了自己的风格。他的山水画很少作平远景观,也很少像后期董源山水画那样把汀渚沙滩作为主要的描绘对象,而是以高山大岭、重峦叠嶂、复峰层崖为主,近似董源早期作品的风格。而山顶的矶头尤其突出,在林麓之间多用卵石。巨然以长披麻皴见长,山林高深,

巨然《秋山渔艇图》(局部)(五代)

草木华滋，比董源山水更为苍郁。

徐熙　徐熙，生卒年不详。他是一位在花鸟画方面开一代风气的艺术家，被后人尊为中国写意花鸟画的鼻祖。徐熙不愿受皇家艺术律条的束缚，终生布衣。他善于从平凡的身边景物中发现值得入画的题材，画前人所未画。

黄庭坚　黄庭坚（1045—1105年），字鲁直，洪州分宁（今九江市修水县）人。他是宋代"尚意"书风的代表性人物之一，名列书法"宋四家"，特别是他在草书上的成就，开创了唐代以后草书的新境界。黄庭坚不仅在书法史上地位崇高、影响深远，而且罕见地在多个文艺门类有着重要地位和影响；在书画理论方面黄庭坚也有重要贡献，其"重韵去俗"的书画美学思想对后世影响很大。黄庭坚一生淡泊名利，正直高洁；虽一生大多数时间在外奔走，

八大山人《荷石水鸟图》（清代）

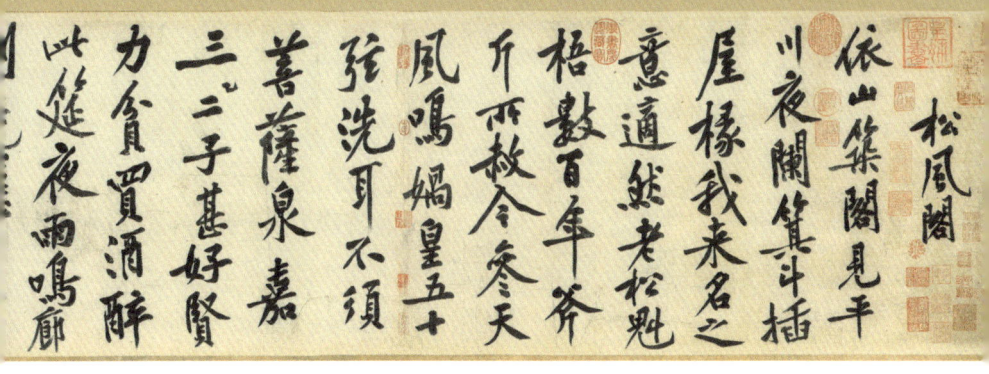

黄庭坚《松风阁诗卷》（北宋）

但对于桑梓之地始终饱含着深厚情感。

八大山人　八大山人，本名朱耷（1626—1705年），字雪个。他一改明末清初中国画坛的摹古之风，跳出笔墨的陈陈相因。他的画以花鸟、山水画见长，画风沉雄纵恣、气势瑰玮，一变古人面目，自创新格，300年来，影响了任伯年、吴昌硕、齐白石、潘天寿等一大批画家的画风，把大笔写意推到一个前所未有的高度。他的书法也自成一格，将篆书笔法融于行草书中所形成的独特的"八大体"，不仅在清初书坛独树一帜，对后世也影响很大。他是"清初四僧"之一，是不世出的书画巨匠。

二、千载翰墨

江西书画艺术史流光溢彩、美不胜收。特别是从唐代开始，随着经济、文化地位的不断提升，江西在中华书画艺术上的贡献受到关注。众多名家以自身卓越的艺术创造和美学创新，在自己的时代即以书画成就著称于世，并深深地影响着中国书画艺术的发展。

钟绍京　钟绍京（659—746年），字可大，虔州（今赣州）人，唐朝政治家、书法家。钟绍京在书法上颇有成就，他是被后世尊为"小楷鼻祖"的三国钟繇的第十七世孙，书史称钟繇为"大钟"，时人便称钟绍京为"小钟"。钟绍京非常喜欢书法，常常重金收购名家书作，甚至不惜"破产求书"。钟绍京的书法远学钟繇、二王，近取褚遂良、薛稷，用笔潇洒，风姿秀逸。他的存世书法作品有《千字文》《灵飞经》《升仙太子碑碑阴题名》《转轮王经》等，以《灵飞经》最负盛名。

欧阳修　作为开创一代文风的北宋诗文革新运动先驱，欧阳修不仅有着全面的文化素养，而且以其引领时代的美学主张和书法实践，在中国书画美学史上享有重要地位。他在书学上的建树首先体现在其针对北宋初期僵硬书风的反拨，以倡导"学书为乐"的"尚意"书风，引起了北宋书法美学追求的变革，中国文人书画美学由此兴起。

扬无咎　在北宋与南宋之交，扬无咎（1097—1169年）是一位具有独特艺术个性的文人艺术家。他诗、书、画兼长，墨梅艺术在画史上影响尤其深远，开创了墨梅新派。扬无咎清高自守，生性耿介，不慕荣利，不俯仰时好。画名的彰显，让扬无咎在书法和诗词上的成就往往鲜为人知，但全面的艺术修养，却大大地滋养了他的墨梅艺术。

罗牧　罗牧（1622—1705年）是清代江西画坛最早具有画派意识的一位。数十年的书画生涯中，罗牧始终以自己的创作和奔走，在全国画坛上传播着一个画派的名字——"江西派"（亦称"西江派"），使"江西画派"在绘画史上留下了明确的记载。罗牧以工画山水见长，其最大特征是用笔削繁为简，构图精谨凝练。其画树石苍润，人物古朴，运思独到，技法娴熟，风格豪放而又沉雄。

三、名迹遍布

江西山川秀美、人杰地灵。在书画史上,许多外来的书画大家曾在江西留下了丰富的书画杰作。这些名迹有的因其在艺术史上的崇高地位被收藏在江西各地博物馆中,有的以碑刻、摩崖石刻等形式分布于江西的名山大川。这些精彩的书画名迹,为江西优美的自然景观增添了许多人文魅力。

颜真卿与《麻姑仙坛记》 颜真卿(709—784年),字清臣,京兆(今西安)人,唐代中期的名臣。颜真卿是书法艺术的集大成者,其楷书端庄雄浑,被称为"颜体",与柳公权并称"颜柳",有"颜筋柳骨"之誉;其行书一改魏晋以来灵秀潇洒之风,笔势奔放,刚健苍劲。颜真卿在江西留下不少碑刻和题词,如《东林寺题名》《西林寺题名》《靖居寺题名》等,其中以在抚州南城撰文并书写的《麻姑仙坛记》最为著名。

颜真卿《麻姑仙坛记》(拓本局部)(唐代)

贯休与罗汉图 贯休(832—912年),俗姓姜,字德隐。浙江兰溪人,一说钟陵(今南昌市进贤县)人。唐末名僧,也是一位著名的诗人和书画艺术家。他自幼聪慧过人,读书过目不忘,诗也作得清雅俊秀。七岁时出家进了佛门,法号"贯休"。他用功诵读佛教经书,以过人的聪慧,很快精通了其中的奥义。书法方面,他隶、草、篆诸体无一不通且有深厚造诣。因为俗姓姜,所以他的书体又被称为"姜体"。他更善画。作为一位僧人,他的罗汉像,形象上很有特色,被称为"胡貌梵相"。

许从龙与《五百罗汉图》 庐山博物馆藏有一套存世尺幅最大的立轴式《五百罗汉图》。这组世所罕见的罗汉图的作者,是清代画家许从龙。《五百罗汉图》绘成于康熙五十一年(1712年)。为创作这套罗汉图,许从龙前后费时近七年,可谓呕心沥血。作品完成后一直供奉于庐山栖贤寺。《五百罗汉图》以其构思宏大、神气充沛、人物造型生动传神、笔力雄健、赋彩淡雅而受到人们的喜爱。《五百罗汉图》体现了高超的人物造型能力,对不同罗汉的形象刻画,特别是对罗汉鲜明的性格表现,喜、怒、哀、愁等神态的传达,生动传神,可谓形神兼备。画面上颇为奇特的罗汉造型,以及山海险阻、百怪出没的环境描绘,使画面有着十分强烈的视觉效果,令观者顿生崇拜乃至敬畏之感。

四、名家辈出

近代以来社会巨变,在新文化思潮的影响下,中国传统书画面临着前所未有的挑战。上海、北平等地绘画社团群起,以各自的艺术宗旨、美学理念与追求,为中国书画发展不懈探索。在近代文化革新探索的前沿地带,就有许多江西书画家(如陈师曾、李瑞清等)为中国书画艺术做出了独特的贡献。在江西本土,书画艺术的传承、探索也一直在进行,并在不同的领域呈现出多彩的风景。

当代江西书画艺术人才辈出,出现了傅抱石、陶博吾、黄秋园、舒同等书画大家,以及彭友善、杨石郎、胡献雅、梁邦楚、燕鸣、梁书、龚槐波、胡定元、万昊、许亦农、尹承志等当代名家。他们有的走出故园,在广阔的文化舞台上为中国书画艺术做出了开创性的贡献,也为桑梓赢得了荣光;有的数十年身处文化舞台的边缘,默默探索、潜心耕耘,在大半生的寂寞中,实现了人生与艺术的圆满,享有迟到而崇高的尊荣。

范金镛 范金镛(1851—1914年)是江西近代的工笔画家,其古雅清新的风格、高妙传神的写生功力,在略显浮躁的画坛,表现出独特的追求。范金镛心胸坦荡,常寄兴山水花鸟,吟诗作画,以画抒其情,以诗言其志。有诗词集《心香室诗钞》四册、《蝶梦词》一卷传世,是一位成就卓异的诗词大家。作为一位画家,范金镛上承宋元以来中国工笔画的优秀传统，兼取恽南田、蒋廷锡诸家之长，力主师法自然，其画作设色清雅和谐，严谨精妙，形神兼备，形成了独特的风格，为近代以来的工笔花鸟、人物绘画树立了标杆。花鸟草虫在他的画作中占有很大比重，其所作花鸟草虫严谨细致、生动传神；所画仕女淡逸清雅、刻画传神，人物形态雍容秀丽、婀娜娴雅，用笔、用墨、设色都十分讲究、妥帖。范金镛享有"范蝴蝶"之盛名，画蝶是其工笔花鸟中重要一类，作有《百蝶图》名世。

李瑞清 李瑞清（1867—1920年），号梅庵、署清道人，临川温圳（今南昌市进贤县）人。他是中国现代美术教育的先驱，著名书画家、教育家，曾任两江师范学堂监督（校长）。他创办了图画手工科，使用西方国家的学制与教学方法，并亲自为学生教授书画课程。当时书画还仅属于文人余事，李瑞清将书画搬进课堂，纳入课程体系，这是非常前沿的做法。在他的主导下，两江师范学堂图画手工科培养出了一批著名书画家，如张大千、吕凤子、胡小石以及江西的李仲乾、黄鸿图等皆出自其门下。李瑞清是一代书法名家，其书法最显著的特征是融金石于笔端，高古浑厚，这与其所处时代是密不可分的。李瑞清书法取法上至商周青铜铭文，篆书是李瑞清书法的根基。于篆书中，他又非常推崇金文。他还临摹过其他大量青铜器铭文。魏碑刻石是李瑞清书法取法的另外一个主要对象。在诸多魏碑中，他最钟情的是北魏《郑文公碑》和《张猛龙碑》。北魏刻石系用刀凿刻而成，俊秀刚健，结构严谨，收放自如，气度非凡。

海爲龍世界
天是鶴家鄉

以石門銘疏宕之筆爲之
景坡仁兄法家 清道人

李瑞清《海为天是联》（清代）

陈师曾 陈师曾（1876—1923年），原名衡恪，字师曾，号朽道人、槐堂，江西义宁（今修水）人，中国近代著名美术家、艺术教育家。近代以来，在整体重估中国文化的背景下，中国绘画传统也受到了前所未有的批判。陈师曾是极少数能够以理性、客观的态度，保持独立见解的美术家之一。他的花鸟画受到吴昌硕的影响，同时从徐渭、陈淳、八大山人、石涛以及"扬州八怪"等明清大家的艺术中获得启发，广收博采，融诸家技法为己用，形成了秀逸古朴、挥洒自如的艺术风格和气韵动人的绘画风格。在绘画理论方面，陈师曾是20世纪以理论形式肯定中国文人画的第一人，著有影响很大的文章《文人画之价值》。他还针对当时一些人盲目崇拜西方艺术、全盘否定中国传统绘画的论调写了《中国画是进步的》一文。

珠山八友 近代陶瓷美术史上的"珠山八友"被称为"中国第一个陶瓷艺术流派"（邓白语）。这个群体的诞生，受到民国初期景德镇陶瓷产业复苏、民窑兴起经济背景的深刻影响。"珠山八友"是一个松散型的陶瓷艺术家组织，由10位志同道合的陶瓷画家结社而成，他们是：徐仲南、邓碧珊、何许人、王琦、汪野亭、毕伯涛、王大凡、田鹤仙、程意亭、刘雨岑。就其性质而言，"珠山八友"既有文人雅集的特点，也带有商业合作的目的。他们时常合作，而且根据市场的需求对各自的主攻画科进行调整和重新定位。从这个意义上来说,"珠山八友"不仅适应了市场的需要,而且明确地欲以众人之力,形成具有品牌效应的瓷画家群体,是主动地应对市场需要的产物。面对陶瓷艺术市场的竞争和压力,他们的艺术探索十分务实。他们的一切创新和借鉴,都不脱离"雅俗共赏"这个原则,非常注重对传统中国画丰富的流派风格和技法的全面借鉴和吸收。

傅抱石 傅抱石(1904—1965年),祖籍江西新余,是我国著名美术家、金石学家和美术教育家。他开创了现代中国画的一代新风,形成了蜚声海内外的"抱石派"。傅抱石的艺术成就得到国内外艺术界的高度赞誉。他擅长山水画,注重意境表现。他又致力于对中国画的创新,在临摹与继承传统国画技法的基础上,大胆吸收西洋画技法,融

王琦《洛神》(近代)

傅抱石《待细把江山图画》（现代）

会贯通，推陈出新。作为中国近现代山水画发展中的重要人物，傅抱石的画风，一扫明清以降甜俗萎靡之习，显示了民族振奋的活力。他的优秀画作很多，代表作有《不辨泉声抑雨声》《兰亭图》等。傅抱石从年轻时就致力于中国画教学和理论研究，长期研究中国美术史和古代画论典籍，在绘画技法和史论研究方面造诣深厚，成绩斐然。

陶博吾 陶博吾（1900—1996年）的书法大拙而大巧，有强烈的艺术感染力。他诸体皆擅，以大篆、行书成就最为突出。《散氏盘集联》和《石鼓文集联》是陶博吾在大篆研习方面的重要成果。吴昌硕曾将石鼓文集成楹联多副。出于"吴门"的陶博吾，更能不被法度所囿，打破陈规，钩深攫微，创作散氏盘铭文集联76副、石鼓文集联98副，从而将散氏盘铭文及石鼓文的研究和应用推向了一个新的高度。这体现了陶博吾世少其俦的功力、学养与才华。

黄秋园 黄秋园（1914—1979年）在绘画方面多能兼善，山水、花卉、人物、界画无所不工。他晚年的山水有两种面貌十分引人注目，一种格局近乎宋人，层峦叠嶂，骨体坚实，墨法精微，画面不强调空间的纵深，反复用鬼脸皴，形成一种现代感，所作雪景有玉洁冰清之感；另一种笔法远胜元人，丘壑雄奇错综，植被丰茂多变，仿佛有一种精神闪耀在云蒸霞蔚中，从中可看出他对传统山水的领悟已达到极高的境界。

舒同 在当代书法家中，能够以自己具有鲜明特色的书法风格在社会上产生广泛影响，进而其书法成为一种字模被报刊等印刷品、平面设计广泛应用的，舒同（1904—1998年）大概是第一人。他那特色独具的"舒体"，宽博端庄、刚柔相济，自成一家。舒同的书法是革命斗争的重要武器，毛泽东称他为"马背书法家"，他还被称为"红军书法家"。在长期的革命生涯中，舒同以笔为刀枪，为中国革命做出了特殊贡献。

赣菜文化
GANCAI WENHUA

饮食是人类的生存必需，人类在开发食物资源的过程中不断创造出灿烂的饮食文化。赣菜，又名江西菜，是江南地区的代表菜，是文人菜与乡土味的融合，是南北菜肴风味的融通，是中国饮食文化的重要组成部分。早在商周时期，中国的菜肴谱系已具雏形。位处长江中游、素有"鱼米之乡"美誉的江西，与周边地区交往密切，其菜肴也得地利之便，博采众长。历史上，滕王阁的宴饮，浔阳楼的饮食，使赣菜风靡一时；当代餐饮名店，创意频现，知名菜肴名目繁多。赣菜的五大特色——取材新鲜、原汁原味、辣求鲜香、有益身心、文化厚重，使赣菜文化更加厚重与融通。赣菜的取材品种多样，讲求物尽其用，烹饪技艺多样，味型丰富。在历代文人墨客、英雄豪杰的品鉴弘扬下，关于赣菜，留下了一段段脍炙人口的佳话。近些年，赣菜走出江西，遍及全国，"十大赣菜"——宁都三杯鸡、莲花血鸭、兴国四星望月、余干辣椒炒肉、井冈烟笋、九江白浇雄鱼头、鄱湖鳜鱼煮粉、抚州甲鱼粉皮、南昌藜蒿炒腊肉、泰和乌鸡汤受到广泛关注与好评，赣菜文化也随之口耳相传。

余干辣椒炒肉

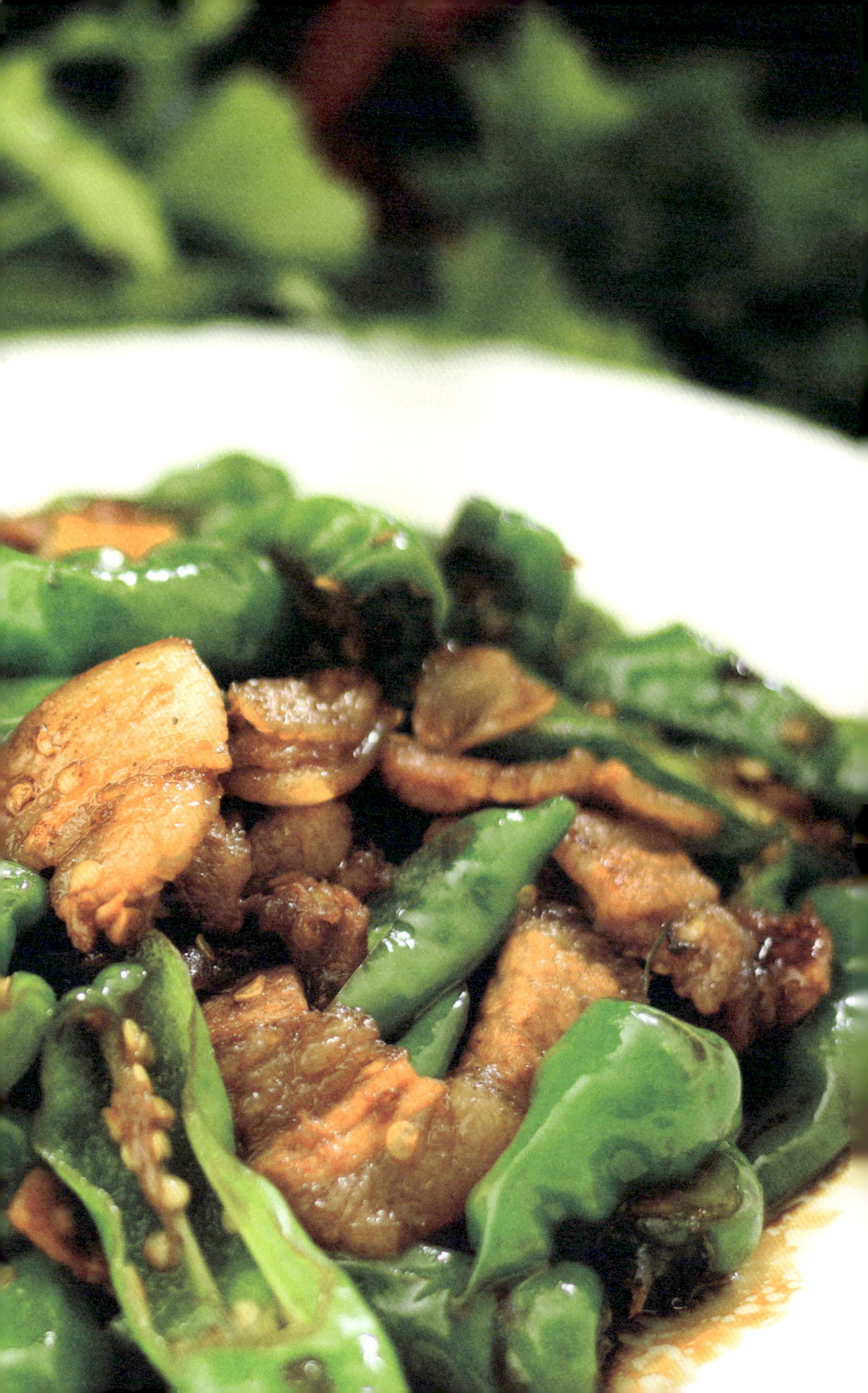

一、赣菜源流

赣菜,饮食风味经历千百年的积淀,由全省不同区域的地方菜不断发展重构而最终形成。赣菜既有整体特色,又富地方个性。赣菜的不断丰富与发展,既与中华民族的饮食历程同步,又有自身的运行轨迹。

先民食况　江西同样经历过饮食蒙昧时代和夏商饮食文化的萌芽时代。除了采集、狩猎,赣鄱先民还利用捕捞、水稻种植来解决食物来源问题。江西的传统渔业生产习俗,数千年来不断被加以改进和丰富。尤其是万年县,其具有地方特色的稻米习俗,逐步形成了包括歌谣、节令、风俗、耕技在内的系列民俗文化。这说明史前时期,江西就是长江文明的中心地之一,而且江西先民为人类的饮食丰富做出过影响古今的贡献。

秦汉初显　先秦至两汉时期,江西的饮食也开始脱离原始状态,初步展现出昌明的景象。周朝的主食谷与肉都更为丰富。丰富多样的食品寄寓了教化功能。汉代的饮食比周代更为丰富,饮食制作和佐料更加多

南昌海昏侯墓出土的西汉青铜温鼎

样化，菜肴也更趋向于对色香味的追求。在南昌西汉海昏侯墓室中出土的青铜温鼎，就是当时的"火锅"。东汉时，江西农业仍以水稻为主，各地用大米制成的各种美味食品多达百种。鄱阳湖淡水鱼类丰富，野生植物较多，用其制成的美味菜肴不计其数。江西各地丰富的特产催生了许多带有浓厚地方特色的食品，使江西的风味食品多姿多彩。

唐宋转变 唐宋之际，饮食商业化程度提高，烹调技艺得到进一步的发展，南北朝时发明的"炒"菜得以成为烹饪的主要方式。这一时期的饮食文化开始关注饮食与生活，对于美食名品的品赏，也更趋日常，推动了市井饮食文化达到高峰。江西对饮食文化奉献的，不仅是食材、茶品，更重要的是饮食思想与观念。黄庭坚、朱熹、洪适、杨万里等都有诗作赞美江西的素食，认为它与清高之风相契合。

明清定型 明清时的江西，民间饮食结构日趋定型，保持了食物就地取材的优势，形成了以米饭为主的饮食结构，菜品以肉类与水产为重，嗜好辣味。这一时期，食材处理与储存方式也趋于完备，根据食材的不同，采取的方法也不一样，主要有晒干、腊制、烟熏、腌制、制酱等。这一时期，九江口岸的通商，江西本土的饮食习俗与外来文化产生了互动。

当代兴盛 当代中国日益富强，物质日益丰富，饮食从解决温饱，逐步走向对美好生活的追求。江西的饮食文化，从地方风味升级为赣菜，作为国宴佳品进京，从零碎记忆走向对赣菜进行系统集成的整理，从传统技艺转变为多味融合的赣菜新变。

二、赣菜流派

赣菜流派是指在不同的地区,由于受自然条件、区域物产、饮食嗜好和民间风俗等诸多因素影响,菜肴形成与流行的独特风味。地方风味各具特色,却又彼此交融、相互依存。赣菜可分为六大流派:豫章菜、浔阳菜、饶帮菜、袁州菜、庐陵菜、客家菜。

源远流长豫章菜 豫章菜,指今南昌地区的菜肴。南昌位置优越,自古富庶,饮食文化源远流长,有着数千年的历史积淀。南昌菜肴的形成,有其独特的自然环境与历史、文化因素。自古以来,南昌一贯以物产富饶与农业优势著称,东西南北的饮食文化传入,并与南昌原有的饮食文化相融合,形成了新的饮食形态。在南昌,人们最喜食的家禽是鸭子,也喜欢吃来自江西各地的山地食材。其口味,讲究辣、烂、脆、嫩,

正在装盘的豫章菜藜蒿炒腊肉

以鲜辣为主。南昌的餐饮业,面向不同的消费对象和消费水平,具有不同的特色,提供个性化的服务。豫章菜在南昌流行千百年,不仅是南昌的历史轨迹、民间生活的见证,也是生活美学的展现、文化传承的延伸。豫章菜藜蒿炒腊肉是"十大赣菜"之一。

闻名遐迩浔阳菜 浔阳菜,指九江市区域内的饮食及其文化。九江优越的地理位置使其在历史上是"三大茶市"和"四大米市"之一,还有"江南鱼市"的美誉。九江还有许多外来的菜肴和饮食风俗。清代,九江被辟为通商口岸,许多外国商人和传教士带进许多外国菜。多种文化不断碰撞交融,形成了独具特色的九江美食。作为重要商埠,九江历来人流量较大,餐饮业也十分发达。九江县区盛行鱼宴鱼席,鱼的吃法多种多样,或清蒸,或炖汤,或做成鱼粉,或捏成鱼丸。关于鱼的各种民间艺术,如渔歌、渔鼓、渔灯,以及彩龙船、蚌壳精表演等,都深受民间喜爱。九江还有充足的大米资源,民间米粑品种丰富,有50多种。九江各区县特色菜肴有上百种,各具特色,庐山的石鱼、石鸡、石耳都是优质食材。

四省融通饶帮菜 饶帮菜"喜鲜香,味偏重",包括上饶市、景德镇市、鹰潭市、抚州市的菜肴及其饮食文化。整体看来,饶帮菜选料新鲜,注重刀工,制作精细。其口味,或清爽,或酥脆,或鲜辣,或微甜,各有千秋。上饶菜肴,花开两支:一是以赣菜风味为主,兼及京津和江浙菜品;二是以安徽风味为主。景德镇饮食喜辣,菜肴大多加入辣椒调味。鹰潭口

鄱阳湖银鱼

味与上饶相近，菜肴之著名者，多与张天师、上清宫相关联。鹰潭讲究制作菜干，其风味独特。抚州市的饮食口味与毗邻的南昌、鹰潭相仿，但又有其个性。

楚俗播布袁州菜　袁州地区包含今宜春、新余、萍乡三市，这一区域曾经属于楚国。袁州饮食强调五味调和，食材选料严格，制作刀工讲究。袁州菜是赣菜中最辣的一个支派，食材多用本地山珍、农家土特产品，多为熏、晒、腌制作的肉类和蔬菜。烹饪方面，注重火候，讲究制汤调味，推崇本味，却又口味偏于香辣。因素有熏、晒、腌保存食材的习惯，其调味的辣味原料丰富。根据不同季节，烹饪者巧妙选用。萍乡市的莲花血鸭被列为"十大赣菜"之一，2009年入选江西省非物质文化遗产名录。

唐风宋韵庐陵菜　庐陵是吉安市的古称。自秦朝建置以来，吉安素有"江南望郡"的美誉，又是革命摇篮井冈山所在地。饮食文化方面，

庐陵菜融入了历史文化、文人文化、红色文化。庐陵菜有三方面来源：一是当地传统的饮食习惯与制作方法；二是随着庐陵文人走向全国的饮食文化交流；三是庐陵为客家去赣南的必经之地，受定居庐陵的客家人影响。吉安菜肴别出心裁，有很多采用当地特产与传统技法烹饪的特色菜肴。传统菜"解缙豆花"是用细嫩的豆渣炒制而成，明朝永乐皇帝对此赞不绝口。

南北汇聚客家菜 客家菜是客家人创造并享有的菜肴。赣州是客家的主要居住地之一，客家菜是在当地占主导地位的菜肴。赣州客家饮食具有兼容并蓄的精神，其有三方面的来源：一是中原生活与饮食文化的印记，二是迁徙途中城市周边的影响，三是原来当地的居民与地理环境的根基。赣南客家菜，食材来源广泛，但主料突出，用料以家畜、家禽为主。客家人还种植时令蔬菜，栽培蘑菇、木耳，并充分利用自然环境中的物料。赣南客家菜，注重刀工火候，烹调方法多样，尤以北方常见的煮、炖、熬、酿、焖等技法见长。宁都三杯鸡、四星望月、客家酿豆腐、客家小炒鱼等是代表菜。

饶帮菜辣椒炒肉

袁州菜莲花血鸭

庐陵菜永和豆腐

客家菜荷包胙

三、赣菜风味

赣菜的特质体现在具体的风味之中,在取材用料、烹饪技艺、菜肴品赏等方面给饮食者以美好享受和深刻印象。

赣菜特点 赣菜的特点,可以用"咸、鲜、香、辣"四个字来概括,带有一定程度的复合性。赣菜"重咸"有多方面的原因:一是地理位置使然,二是劳动强度的需要,三是生活艰辛的选择,四是保存食材的需要。赣菜把咸与鲜巧妙地融为一体,形成独特的复合型鲜咸味。赣菜的鲜味有三:一是食材本身的新鲜,二是不同食材的有机搭配,三是调味材料的辅佐作用。赣菜的另一大特点是辣,喜用辣椒,嗜好辣味。辣椒作为五味中"辛"的主要代表,是赣菜的主打用料。赣菜的辣以香辣为特征,与川菜的麻辣、湘菜的辛辣、鄂菜的酸辣,颇为不同。这种香辣,强化了

赣菜中用到的香料和调味料

赣菜的美味，又使赣菜的香辣具有醇厚的质感。

取材用料　丰富的饮食资源是赣菜烹饪的物质基础，经过反复筛选、优选，赣菜形成了天然食材、再加工食材两大体系，包括主配原料、调味原料、佐助原料三大类。有了种类众多的原料，烹饪人员才能制作出花色繁多、难以计数的菜肴。赣菜食材品种多样，原料有千种以上，食材的精工再制，则构成食材新品。赣菜还会使用再加工而成的材料，尤其是用稻米衍生物制作的菜肴众多，在全国其他省份是少见的。

赣菜品赏　烹饪需要精湛的技艺，会吃也是深奥的艺术。精于品味，是饮食艺术的基本内容，也是饮食艺术的最高境界。赣菜技艺之所以能不断发展，是由于众多的食用者与爱好者。"一菜一味，百菜百味。"懂得赣菜的味型，做到"口中有味，心中有谱"，就能够更好地知晓

烹饪的特色与优长，享受赣菜的美好，提升饮食的审美。

闻着赣菜的香气，品尝赣菜的味道，感受赣菜的形式，回味赣菜的文化。要认识赣菜原汁原味的特色，知道赣菜文化的内蕴，把握赣菜文化的传统，体会赣菜文化的魅力，才能真正成为赣菜文化的鉴赏者。

四、饮食民俗

赣菜在烹饪与享用过程中，有许多传统的礼节。这些饮食民俗，既出现在日常生活中，也盛行于年节庆贺时；既流行于社交活动中，也规范着时令节气；既有遵循的饮食信仰，也有需规避的民间禁忌。

日常饮食 江西人以稻米为主粮，喜食晚米，每日三餐，常年以米饭、粥为主食，并辅以其他面点、羹、米粉等。江西的饲养业、水产业都很发达，山珍及蔬菜众多。江西古人饮食向来崇俭，日常生活不杀生，以青菜豆腐为家常菜，只有宴会上才有丰盛菜肴。豆制品在日常饮食中占有重要地位。赣菜传统的炒菜用油主要有两种：菜油和茶油。民间家常菜的烹饪与酒店的技艺不同，也会与季节养生相适应。在江西，即便是日常饮食，礼仪依然不可少。儒家经典《礼记》对饮食行为的规范为赣人所遵循，吃饭时讲究礼貌、吃相，尊敬长辈，都是中华民族优良传统的体现。

赣菜宴席 在日常的交际中，人们会设宴款待来客，以示热情友好。各种各样的筵席，表达了东道主不同的设宴缘由。赣菜宴席的规格一般因事制宜，丰约有别。祝寿、迁居等喜事丰盛，婚嫁居中，丧事则较简。酒席用料以鸡、鸭、猪、鱼、虾为主，主要席面有十特碗、四盘四碗、扣肉席、银鱼席、肉丸鱼鳔席等。在江西传统乡俗饮宴中，保留有"安席"、音乐、劝酒等礼仪传承，寓伦理道德与艺术享受于饮食中，显示出饮食文化与儒家文化的融合。

五、文人赣菜

赣菜之所以被誉为"文人菜"，就是因为其不但追求食材的自然滋味，讲究口感原汁原味，还与许多名人有千丝万缕的联系。赣菜的许多名品，或由名人创制，或为名人取名，或受名人喜爱。在民间传闻中，赣菜文化流光溢彩。

秦汉赣菜名初起　与江西饮食相关的传说，始于秦汉时期。赣菜在秦代呈现出别具一格的风采，在汉代继续发扬光大。"天师板栗烧土鸡"这道菜应运而生，"黄袍拜君王"也是与张天师有关的名菜。秦汉之后，赣菜传说不绝于耳。唐代的赣菜名品，还有安远的"假燕菜"，是闻名遐迩的客家风味菜。

宋代"老饕"品赣菜　北宋苏轼是艺术巨匠，集文学家、书法家、美食家、画家于一身。作为一个美食家，苏轼是最有影响力的"吃货"。宋人笔记小说有许多关于苏轼发明美食的记载，江西也流传有苏轼与赣菜的故事。相传，"东坡肉"源

东坡肉

自江西,苏东坡不仅亲自烹饪,而且传授了烹饪技艺。由其命名的食品如九江桂花茶饼等,也行销一时。

英雄情怀入赣菜　文天祥(1236—1283年)是南宋末年的政治家、文学家。赣菜传说中,与文天祥相关者,都是对他的缅怀和祭悼。"文山里脊丁"据说由文天祥创制,"莲花血鸭""永和豆腐""三杯鸡"能流传下来,也都和文天祥有关。

文人墨客创赣菜　赣菜被称为"文人菜",因为有不少文人雅士参与创造。这些传说的主人公,有才华横溢的贤才,有金榜题名的状元,有颇具贤名的能臣,还有清正廉洁的官员,他们使赣菜美食闻名遐迩。赣菜"全副銮驾"(红焖全鸡)与"解缙豆花"相传源自解缙。大余县的荷包肉,因与当地状元戴衢亨有关,又被称为"荷包胙""状元菜"。韭菜烧豆干是南昌地区人们喜欢吃的一道菜，相传与清朝名臣高安人朱轼有关。

红色文化融赣菜　江西是革命摇篮，形成了特殊的红色饮食文化。时至今日，还有很多的红色故事与赣菜文化融合在一起。赣南名菜蒸笼粉鱼，又叫"四星望月"，这个富有寓意的名字就和一段革命故事相关。红色饮食文化不仅是精神财富，也成为当代新食品开发的创意。"红军焖鸭"是瑞金的一道名菜，也是来自革命战争年代的菜肴。当然，具有红色饮食文化基因的，最为人熟知的是红薯丝饭、井冈山烟笋。今天，这些美食中的红色印记依然存在，红军当年的精神依然代代接续！

客家菜四星望月

茶文化
CHA WENHUA

中国是茶的原产地,是茶文化的发祥地。中国人对茶的情感,最为真挚与热烈。江西作为享誉中外的重要茶产区,是积淀深厚的茶文化高地,对于茶文化的鼎力推动,成效与成就显著。2000多年前,江西就是中国最早种植茶树的地方之一。唐代"茶道大行",江西是著名的产茶区和茶的集散地,也是茶文化的圣地。宋代斗茶之风极盛,江西人执文坛牛耳,文人墨客的助推使茶风更炽、茶文化更浓。明代的江西继往开来,朱权在此"开千古茗饮之宗"。清代的"万里茶道",江西是直通欧洲腹地、连接世界的枢纽与茶源地。当代的茶文化弘扬,江西是当之无愧的茶文化三大重要区域之一,是中国"茶艺师的摇篮"、国际交流的先行者。茶史留芳,茶事兴盛,茶俗多样,名茶之乡遍全境,景德镇茶具享誉海内外。在江西,既有别具风采的日常饮茶、真诚纯朴的客来敬茶、约定俗成的岁时饮茶、寓意深远的婚恋用茶,还有林林总总的茶事茶规、独具魅力的茶馆文化,同时有着许多江西特色的民间茶道、茶叶文艺,如丰富多彩的武宁茶韵、乡风浓郁的修水茶礼、琳琅满目的婺源茶情、功用多样的赣南擂茶、悠闲自适的各地茶习,以及影响深远的茶著作、美妙感人的茶故事、生动活泼的采茶舞、幽默风趣的采茶戏。江西用自觉的文化意识,有为的知行合一,生动地诠释了"茶为国饮":既是中国之饮,也是国人之饮,还是国际之饮!

浮梁臧湾乡寒溪史子园茶园

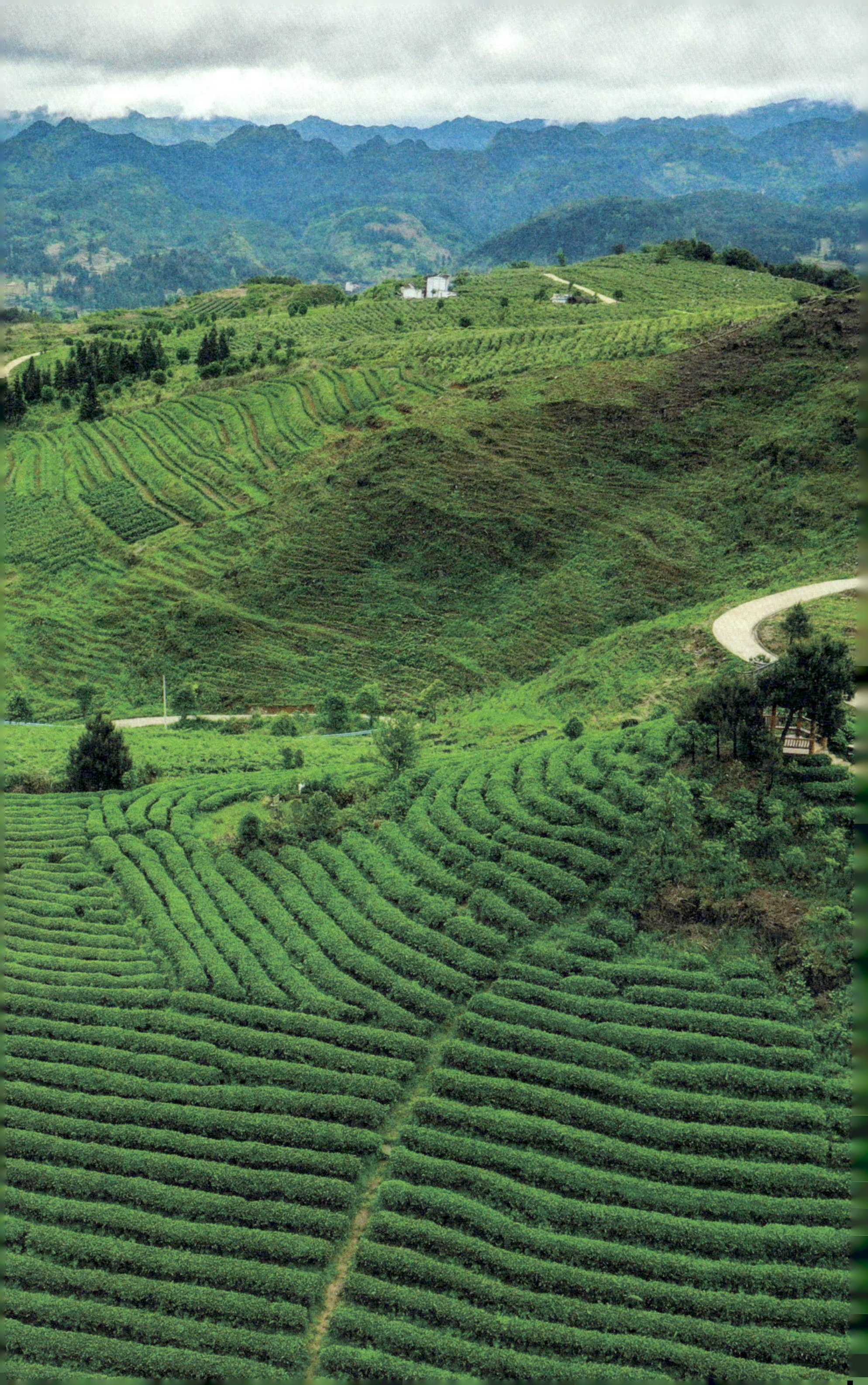

一、茶史留芳

中国是最早发现、利用、种植、饮用茶的国家,也是茶文化形成最早并传播世界的国家。江西产茶历史悠久,名茶辈出,茶叶贸易活跃,茶文化名列前茅,在中国和世界影响巨大。

东晋慧远把世俗的生产方式移入佛门,使禅林经济普遍得到发展,寺院栽茶、制茶业大规模兴起。约8世纪中叶,茶更是渗入江西僧人的修行方式中。马祖道一率先在江西倡行"农禅结合"的习禅生活方式,鼓励弟子自给自足,包括种植茶树。其弟子百丈怀海在江西奉新百丈山创《百丈清规》,形成了一套系统的禅门茶礼、茶宴。唐大中十一年(857年),从谂禅师留下三讲"吃茶去"的禅林公案。从此,在江西寺院形成的一套茶礼、茶宴迅速在全国传播开来。日本室町时代(1336—1573年),中国唐宋年间的禅寺清规已较完整地传播到日本。

饮茶风尚的真正盛行,始于唐代。唐朝时,茶叶产地遍及山南、淮南、浙西、浙东、剑南、黔中、江南、岭南八大茶区的43个州郡,已基本构成现代茶叶产区的框架,各地种茶规模不断扩大,茶叶生产已趋向专业经营。江西因丘陵遍布、土壤肥沃、气候湿润、光照适宜,是中国重要产茶区。随着唐代全国性的"茶道大行",江西茶叶生产得到空前发展,饮茶之风也极为盛行。唐代著名诗人白居易在长篇叙事诗《琵琶行》中写道:"商人重利轻别离,前月浮梁买茶去",反映了当时浮梁的茶叶贸易盛况。唐人鉴水试茶,成为一时风尚。在这方面,江西有得天独厚的优势。张又新撰写的《煎

浮梁茶山

茶水记》，又称《水经》，是中国历史上第一部论述宜茶水品的专著。《煎茶水记》记载，陆羽曾把天下之水品定为20等，其中，江西独占鳌头，位列第一、第六的名泉，在庐山；位列第八的名泉，在洪州（今南昌），均属赣地。

　　茶有"兴于唐而盛于宋"之说，宋代在中国茶产业和茶文化史上占据关键地位。在推动饮茶之风普及方面，江西人士功不可没。北宋时任宰相的江西人王安石在《议茶法》中提出："夫茶之为民用，等于米盐，不可一日以无。"王朝上层把茶叶看做与大米、食盐一样重要，这极大地推动了当时饮茶、斗茶风气的盛行，并历代沿袭，使茶成为"开门七件事"之一。与此同时，江西也进入了茶叶生产快速发展的时期。

江西宋代的年产茶量名列前茅。种茶的普遍、饮茶的风靡,又促进了江西茶叶买卖的兴盛。宋朝时,江西的茶商数量占全国茶商的三分之一,江西成为全国最重要的茶叶交易地区。宋代文人多嗜茶饮,品赏佳茗时,往往以诗词赞咏,推介茗品。宋代"双井茶"引人注目,就得益于书法"宋四家"之一的黄庭坚。

元明清时期,江西一直是全国茶叶的重要产区。元朝统一全国后,中原和北方饮茶之风再兴,奶茶文化有了长足的进步。元朝统治者对茶的生产和贸易采取支持态度,这对中原和北方茶业的发展有一定的促进作用。明代是中国茶叶生产的重大转折与发展时期,同时也是继两宋之后又一个茶文化的黄金时代。作为明代重要的茶产区,江西的茶区不断扩大,名茶不断出现,加工技术不断成熟,茶叶贸易也由全国扩展到海外,江西茶税依然是全国茶税的重要来源。

与此同时,江西成为万里茶道的重要枢纽。万里茶道是 16 世纪末

万里茶道上的运输场景

至 20 世纪初继丝绸之路后亚欧大陆上兴起的又一条国际商道,连接起中国广大的茶区,贯穿中国的南北,是一条路网复杂的多彩之路。

江西茶产业跟随着国家变化前行,近些年取得了举世瞩目的成就:一是产业规模进一步增长,二是茶叶品质进一步提升,三是品牌效应进一步释放,四是贸易流通进一步转好。特别是改革开放以来,江西茶文化的优秀传统得以弘扬,顺应时代潮流的新兴茶文化得以创造与传播,茶文化进入发展新阶段,提升到新水平。在中国茶文化界,江西被公认为与浙江、台湾并驾齐驱的茶文化三大重地之一。在茶文化学科建设与研究、茶学与茶文化院校教育、茶艺人才的社会化培养、茶文化与茶产业有机融合、茶文化"走出去"与国际交流等方面,江西都有出色的表现与极大的影响力。

二、茶事兴盛

两千来年的江西茶文化史丰富多彩,让人目不暇接。无论是作为物质载体的茶叶之乡,还是茶业发展的名茶品牌;无论是茶叶生产中的传统规则,还是茶商经营时的行走各地;无论是销售海内外的瓷器茶具,还是公益便捷惠民的茶亭设置,都是踏实肯干、公平守信、乐施好善精神的体现,都有朴素无华、情深义重、真切感人的魅力。

名茶之乡 在中国茶业悠久的历史中,历朝对于产茶区域都很重视。茶业兴盛的唐朝,陆羽《茶经》中,就记录了江西袁州、吉州两地属南方产茶的十一州之列。当今,江西的茶叶产地延续了历史,又有新的发展,主要有四大茶区,即赣东北茶区、赣西茶区、赣中茶区和赣南茶区。根据当代茶区的划分,名茶之乡遍布江西全省,所产茶叶既有历史名茶、现代名茶,也有当代新创制的名茶。江西的历史名茶,有三个主要特点:一是作为名茶的持续时间很长,得到过各个历史时期的赞誉;二是与茶禅文化关系密切,具有厚重的历史积淀;三是品牌创制很早,却又不断与时俱进。遂川狗牯脑茶、庐山云雾茶、资溪白茶、修水宁红茶就是江西名茶的突出代表。

茶叶生产 茶叶生产形成了有利于茶业发展的规则。选择适宜的茶叶种植地方和种茶的季节,进行适当的采摘,

有益于提高茶叶的收成。茶树施肥影响茶树生长,也与制成茶叶的品质关系密切。茶园还要适当地深翻土壤,以利于茶树茁壮成长。由于茶区之间气候条件殊别,江西各地的采摘时间往往各不相同。在茶叶的储藏上,江西有特别的讲究,在注重贮藏器具实用性的同时,还讲究美观性。

茶亭史话 茶亭之始,距今已有1000多年。早在五代之时,相传婺源有一位方姓阿婆,为人慈善,在赣浙边界浙岭的路亭设摊供茶,经年不辍,凡穷儒肩夫不取分文。南宋时,婺源路亭兼茶亭较为普遍,而且都是免费供应茶水的,相传这与理学家朱熹的提倡有关。这种古朴的乡风,至今仍在婺源流传。江西地方茶凉亭的修建,或由宗族捐地捐款,或由乡绅儒士出面集资。此外,江西的许多码头渡口、路边桥头也设有茶亭。除常设的茶亭外,还有季节性的茶亭,一般是在每年农历五月至九月这段暑热的日子开放。在许多寺庙,也有免费施茶的习俗。

新采摘下的遂川狗牯脑茶

三、茶俗多样

日常饮茶　在江西各地,尤其是产茶地区,人们早起都有饮茶的习惯,每天第一件事就是煮茶汤,沏上一大壶,供家人随饮随倒。民国以前,崇义县乡村农家饮茶多用粗茶,俗名"石壁茶",也有饮用自己种制之茶者。赣南客家地区及赣东、赣中部分地方,暑天多制擂茶饮用。在民间茶俗中,往往称喝茶为"吃茶",即使是清茶一杯也称之为"吃茶"。当然,也有注重茶味浓郁、厚实,以土特产与茶相杂而制作的风味茶,一般是泡茶、泡食。"吃茶"是一种古风的遗存。

岁时饮茶　江西人将茶与生活融合在一起,在不同的节日与时令有着不同的饮茶习俗。在春节,江西各地迎接新年的茶俗,质朴而情真,独特而有趣,是从祭祀祖先的供茶开始的。对江西人来说,茶不仅是饮料,而且是敬奉祖宗的供品。

婚恋用茶　含义深远的茶礼,突出表现在婚恋之际。古人认为茶树不能移植,有从一而终的品格,因此女人受聘,又称"吃茶"。古人这种价值取向和道德观历代相传,江西民间习俗中婚姻的各个阶段都与茶有紧密的联系,故旧有"三茶六礼"之说。

茶事茶规　人们把饮茶的精神追求贯穿于生活的众多环节:衣食住行,婚丧嫁娶,人生礼仪,日常交际。在江西,小孩出生后有"茶凑百家锁"的习俗;在年节走亲访友时,有"换茶"的习俗;等等。正是在这些最常见的现象中,在质朴、简洁、明朗、欢快的风尚中,全面集中地体现了中国茶文化精神与人民生活的有机结合。

茶馆文化　遍布各地的茶馆、茶楼、茶肆、茶坊,是适应社会生活节奏发展起来的,是市民茶文化最典型的表现。茶馆文化,和在清寂中独立思考的以茗为伴迥然不同,倾向于日常生活中的社会交际与欢快趣味。在南昌,上茶铺品茶、过早、听说书,曾是南昌人的一种生活时尚,也是很多人一辈子不改的习惯。"茶铺文化"也成了南昌市井文化的重要组成部分和集中体现。

四、民间茶道

武宁茶韵 地处赣北山区的武宁县,是江西著名的茶乡之一。这里不仅有悠久的种茶历史,而且有富有地方特色和乡土气息的淳朴茶道。武宁做红茶外销,各家自制绿茶饮用。除了饮用茶叶外,当地还有其他名目繁多的茶饮,如菊花茶、芎香茶、莳萝茶等。此外还创造出多种多样的"有嚼头"的茶,例如芝麻豆子茶、玉芦茶、枣饼茶等。正因为武

茶点

宁茶的种类繁多，所以当地把喝开水称为"喝茶水"，而"喝茶"则专指喝"有嚼头"的茶。武宁的地炉烹茶与唐代的煎茶一脉相承，山区的乡民不一定通晓古代的经典，却颇得唐人饮茶遗风。

修水茶礼 与武宁同处赣西北的修水县，也是江西著名的茶叶之乡。在长期的种茶饮茶历史中，修水形成了一系列乡风浓郁的民间茶礼。一是以茶敬祖，二是以茶会友，三是以茶待客。经过上千年的饮用，修水把茶的解渴清暑、医疗保健功能和民间的交往礼俗相结合，形成了各式各样的茶点与饮茶习俗，给茶打上了浓重的地域文化烙印。修水茶俗广泛，涉及大众的婚嫁迎娶、生老病死，生子得有"报喜茶"，结婚得有"交杯茶"，人死得有"天堂茶"，林林总总，不一而足。

婺源茶情 婺源有1200多年的种茶、制茶历史，茶风遍及婺源城乡。婺源人喝茶，因阶层、财力、趣味不同，形成了追求、技艺、风尚不同的茶道。20世纪90年代，婺源县从民间整理出农家茶、富室茶、文士茶等茶文化。婺源茶道表演虽不是原生态的民俗事项，却力图对民间茶道进行再现、还原、展示。

客家擂茶 客家茶文化的创造性，突出表现在特色鲜明的擂茶上。赣南擂茶的功用是多方面的，它不但是赣南人一年四季的饮品，也是喜庆之时的必备食物，更是待客的佳品。擂茶还是治病的良品，根据不同症状，加

赣州客家擂茶的制作工序

入金银花、薄荷、陈皮等，能起到与之相适应的保健作用。

江西民间的茶具颇有特色，每种人用什么茶具也有一定的习惯。饮茶时的茶点也很讲究。九江茶饼，就是著名的美食，亦曾为贡品。江西各地这些茶习，是民间茶道的底色与亮色。正是在民间茶道的熏陶，江西成为"茶艺师的摇篮"，茶艺编创多姿多彩。

五、茶叶文艺

明代是茶文化的重要转折时期，也是茶典籍文献极大丰富的朝代。在明代茶书之中，朱权的《茶谱》名列榜首，几可比肩陆羽的《茶经》、赵佶的《大观茶论》。除了朱权的《茶谱》之外，明代江西人喻政编成的《茶书全集》，也具有国际影响。在编纂《茶书全集》之前，喻政还编过一部《茶集》，是古今涉茶诗文合集。

江西的茶叶故事，有的确是史实或接近史实，既真实再现了生活和历史的本来面目，又绘声绘色，生动形象。大量的江西茶故事，讲述的是关于名茶的来历。由于产地不同、文化不同，这些茶故事的内涵与风格也大为不同。

民间文艺的特色之一是歌舞结合，相辅相成，载歌载舞，生动活泼。江西的茶歌小调，既有山歌的语调韵味，又极富歌舞小曲的风采，具有较强的歌舞律动性，饱浸着浓郁的山乡情调。唱茶歌、跳茶舞，风行于江西茶乡。由茶歌发展起来的采茶舞，其最重要的形式为采茶灯。闹元宵中的民间灯彩活动，更是江西茶舞热闹的大舞台。民国时期，江西民间茶灯活动依然活跃。

在采茶歌和采茶灯的基础上，又发展起来采茶戏。江西采茶戏距今有300余年的历史，赣南采茶戏是江西采茶戏的始祖。采茶戏作为当时新出现的地方戏曲艺术，依靠茶叶贸易活动，迅速在全省范围内传播开来。采茶

高安采茶戏表演《小保管上任》剧照

戏以富有茶歌特点的"茶腔""灯腔"为主，保留了大量采茶山歌、小调的曲调，不以故事完整和情节离奇来吸引观众，而常以夸张、误会、巧合等手法渲染戏剧气氛，以演员的精彩表演、台词的幽默诙谐取胜。

客家文化
KEJIA WENHUA

江西赣州，是中原客家先民南迁的第一站，是客家民系的发祥地和客家人的主要聚居地之一，世称"客家摇篮"。经过漫长的历史，在整合、兼容、同化、改造、创新中，客家人形成了自己独特的语言、独特的风俗以及共同的心理认同，最终形成了以不屈不挠、吃苦耐劳、热情好客、勇于开拓、溯本思源、精诚团结、崇文重教等为主要特点的客家文化。这是中华民族五千年来生生不息的精神体现，是中华民族精神这一共性基础上的个性凸显。客家人依山傍水，聚族而居。其建造的传奇的围屋，是客家文化的重要载体和象征。客家人勇于开拓，唐代开梅岭驿道，五代拓虔州城池，北宋凿赣江十八滩，为构建南方海上丝绸之路，发挥了不可替代的作用。勤劳的客家人在劳动生产的过程中创作出了兴国山歌、采茶戏、客家菜肴等缤纷多彩的非遗文化。客家人敦亲敬祖，规模宏大的江西客家博物院成为海内外客家人寻根问祖的圣地。坚韧不拔、自强不息、敢为人先的客家人书写了自己文化的灿烂一页。

龙南关西围屋

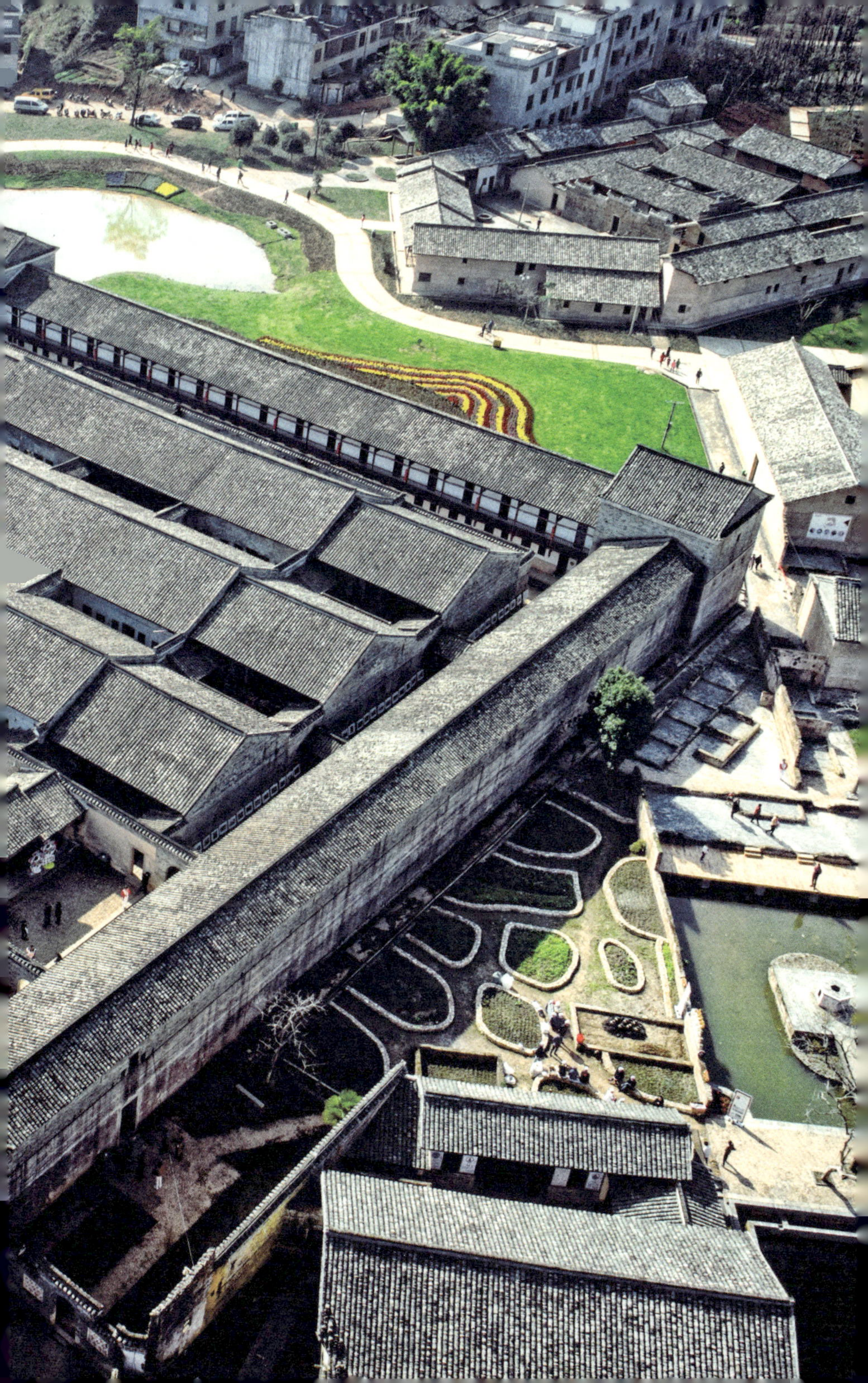

一、客地为家

客家人的历史是一部雄浑壮阔的人类迁徙史。客家先民的迁徙历史，始于晋永嘉之乱、"五胡乱华"，之后唐黄巢兵乱、宋皇室南渡等，促使中原汉族大举南迁，进入南方各省。至南宋时期，客家方言逐渐流行，客家民系基本形成。明清时期，"湖广填四川，江西填湖广"，客家人不断迁徙。太平天国时期，为避战乱，以梅州客家人为主的一部分客家人，开始了第五次波澜壮阔的大迁徙，越南洋漂泊海外。

有太阳的地方就有华人，有华人的地方就有客家人。如今，全球的客家人约有1亿之众，遍布全球80多个国家和地区。客家文化传播广泛、影响深远。

客家是南方汉民族的一个分支，它不以地域命名，在世界上分布范围广泛，具有独特而稳定的语言、文化、民俗和感情、心态。使用客家语言、遵守客家民俗、富有客家精神的人，便是客家人。

赣南，是客家人的家园故土。赣南大地，钟灵毓秀，尤其是赣南北部的石城、虔化（今宁都）二县，山环水抱，土地肥沃，山多人少，适合农耕，自然成了汉先民躲避战乱和繁衍生息的乐土。这里的通衢地位，又让这片土地的经济更为发达，交通更为畅通，在保障了生存的同时，也让在这片土地生活的人们进退自如：中原战火平息了可以返回故地，中原战火蔓延至此可以继续外迁。

这些一直聚居在赣南一域、未曾再次迁徙的客家人被唤作"老客"；而进入闽粤，在聚居数代乃至更多代后又返迁赣南的客家人被唤作"新客"。在这种双向移动中，赣南成为老客的家园、新客的故园，成为客

龙南燕翼围

家人最大的聚居地。因为中原汉先民的迁入，因为老客的执着坚守、新客的故土情深，千百年来，这里村落连绵、烟火旺盛，五谷丰登、六畜兴旺。远避战争的客家先民，从此在赣南撞响命运的晨钟，生生不息，醉于这方水土，融于这片土地。

二、耕读传家

耕读传家，是客家人执着坚守的生存理念。耕读，亦耕亦读，亦农亦文，成为客家人现实主义与浪漫情致相互依存的一种生存、生活场景。耕读传家，成为客家民

安远梅氏宗祠前的功名柱

系成长、壮大过程中最重要的传承基因，成为客家文化中最有人文意义的内质。将读书作为心之向往，这是一种很崇高的追求。客家先民从中原来到赣南山区，远离了广袤的平原与肥沃的土地，告别了热闹的街市和庞大的城池，却始终没有抛弃祖牌与祖谱，没有丢失儒家耕读传家的文化传统。读书入仕，从来就是客家人改变自己命运的执着追求。

赣南客家人历来崇尚教育，坚信"耕可致富，读可荣身"，"耕读人生"成为客家人最基本的追求。自南安府创办第一所官办学堂——南安军学、石城温革创办第一所民间书院——柏林堂之后，客家办学之风风行千年，芳香流韵。与此同时，宗族与家庭开设的乡学、私学蓬勃发展，历朝历代建有无数书院、义学、专馆、散塾，形成了"序塾相望，弦诵相闻""人无贵贱，

无不读书"的良好社会风尚。而"三尺童子,稍知文章"的人文气象,以及"农而优则商,商而优则学,学而优则仕,仕而优则贵"的治家理念,则孕育出以儒行商、以商助德、商儒合一的赣南儒商文化,为赣南客家弟子的成长构筑了坚实的基础,成就了赣南进士五百、举子无数的人文景观。

  当然,赣南教育的兴盛,还得益于历史上一个个读书有成人物的典范引领,比如宁都状元郑獬、谢元龙,赣州城状元池梦鲤,大余状元戴衢亨,官至顺天巡抚的明代赣州城进士谢诏,官至广西巡抚的清代南康进士谢启昆……这些土生土长的典范人物的成长故事影响着所有的赣南客家人。"士知向学",或许正是从这些人物开始。相比于家财万贯的富商,腹有诗书的名流学者更受客家人景仰。以至于在乡间凡是有点"墨水"、懂点学问的人，一直都有较高的社会地位，受到人们的尊敬。为人父母者为了孩子成人后能够"出人头地"，在家族中有较高的地位，并在经济上摆脱贫困，对子女的教育自然十分重视，因此客家地区重视教育、普及教育也就成为必然。

在赣南乡村，至今仍随处可见旗杆石、功名柱和牌坊。它们是客家人追求功名、敬重乡贤的标志之物。每一根功名柱都是一个士子的骄傲，每一块旗杆石都是一个家族的自豪，每一座牌坊都是一个地方的荣耀。安远三百山脚下的梅屋村，历朝历代得功名者众，梅氏大宗祠前的院场上，竖立着数十根功名柱。这里的先人用功名柱的形式，崇敬先贤，激励后学。此外，于都县岭背乡谢屋村的"步蟾坊"、会昌县筠门岭镇芙蓉村芙蓉寨也诉说着客家人对读书和功名的重视。

客家人重视教育，始于唐宋，一代名儒周敦颐做出了巨大贡献。他在南安军中任职时，带领程颐、程颢著《太极图说》，奠定了中国理学的基础；他在虔州通判任上，创办并讲学于清溪书院，是客家赣南官办教育第一人。北宋的南安军学是赣南第一所官办学堂，柏林书院则是赣南乃至整个客家地区的第一所私学。这所私学的创办者是石城县人温革，为客家办学第一人。苏轼对南安军学大加赞赏，作《南安军学记》，称南安是"儒术之富，与闽蜀等"，"故南安之学，甲于江西"。王阳明在赣南为官期间，也大力办书院、兴社学，教化当地百姓，纯化民风民俗，南赣风气为之一变。

三、围屋民俗

"客家摇篮"的赣南已成为客家历史遗存最为丰富的地区,特别是承载着姓氏脉络、乡愁记忆的数量巨大的古村落,有如人间瑰宝,成为极其重要的文化遗产。截至2023年,赣南仍保留有以龙南关西围屋为代表的500多座围屋,以及以赣县白鹭村为代表的近百处古村落,其中"中国历史文化名村"5个、"江西省历史文化名村"13个、"中国传统村落"55个,成为江西省古村落最多的地区之一。2022年,崇义上堡梯田入选世界灌溉工程遗产名录。此外,赣南地区还有许多古塔,它们如磐石一般,镇守一方安宁;有不少于500座古桥,连接着河流两岸;有无数的风雨亭,供往来的行旅者歇息。这些古建都蕴含着赣南大地客家先民的精神。

岭南、岭北的分界山梅岭上的梅关古道,连通赣粤两省,为中国南

大余梅岭古驿道"南粤雄关"

方海上丝绸之路的重要通道。梅岭的路是唐代张九龄始筑，梅岭的关是宋代蔡挺始建。如今，这里依然能够见证古代商贸南来北往的盛况。

勤劳的客家人在漫长的生产生活过程中创造了缤纷多彩的非遗文化。赣南，是一个民间文艺多姿多彩、非遗事项十分丰富的地区。自古以来，山歌、采茶戏、吹打、灯彩、傩舞、唱古文、祁剧、南北词、竹篙火龙节等等缤纷如云的民俗活动便风行整个客家地区。今天，客家赣南宛如一个中原古代文明与礼俗的博物馆，赣南民间非遗活动成了研究客家民事活动最好的范本。赣南客家民俗艺术是体现民间文化、涵养客家人精神的重要载体，是极具地域特色的文化瑰宝与精神财富。

赣南的非遗题材极为广泛，几乎涉及人们生产、生活的所有方面。如民间文学类，有张丽英的传说、七里古窑的传说、赣州街谣、客家歌谣等；传统技艺类，有古城墙、福寿沟、浮桥、围屋、砖窑等的营造工艺，上犹土法造纸、榨油制作工艺等；传统美食类，有赣南小炒鱼、兴国擂鱼丝、安远三鲜粉、南安板鸭、黄元米粿、客家擂茶、米酒等；传统表演艺术类，有兴国山歌、赣南采茶戏、宁都采茶戏、赣州南北词、南康鲤鱼灯、民间高跷、东河戏、上犹九狮拜相等；传统美术类，有章贡区瓷像画、宁都剪纸等；传统工艺美术类，有竹雕、根雕、纸雕、石城花灯、石砚制作等；传统医药类，有传统膏丹丸散、皲裂膏、疳积散、龟鹿二仙膏等；传统民俗类，有赣县烧瓦塔、章贡区七里仙娘庙会、宁都竹篙火龙、会昌赖公庙会、于都寒信水府庙会、兴国跳觋仪式，还有元宵祭祖活动、春节拜年踩街、端午龙舟顺水仪式、六月六晒书等。

石城灯彩 石城灯彩，即石城灯会，是一种别具一格的民间习俗，主要盛行于赣州市石城县，距今已历千余年。石城灯彩集灯具、音乐、舞蹈、美术、剪纸等艺术形式于一体，是极具魅力的民间表演艺术，是灯彩艺术的典范。灯彩有龙灯、狮灯、马灯、蛇灯、茶篮灯、宝伞灯、牌灯、鲤鱼灯、蚌壳灯、罗汉灯、船灯、八宝灯、板桥灯、麒麟送子灯等，具有形象逼真、色彩艳丽、制作精巧等特点。灯彩表演时，有乐器伴奏，边唱边舞，舞蹈动作丰富，风格多样。伴奏音乐多为石城特有的民间打击乐，曲调多采用石城地方歌曲和赣南采茶戏旋律，节奏明快，悠扬动听。1992年，石城县被命名为江西省"灯彩之乡"；2008年，石城灯彩被列入国家非物质文化遗产，石城县也被文化部命名为"中国民间文化艺术之乡"；2012年，石城被评为"中国灯彩艺术之乡"。

赣南客家服饰 赣南客家服饰的形成可追溯至宋代，相继吸收了中原"唐装"和赣南畲族、瑶族等土著服饰的特点。客家服饰广泛分布于赣南地区，以定南县保存较为完好。赣南客家服饰以客家蓝衫、冬头帕、围裙、鞋子、童帽与肚兜等为典型代表。这些物件皆以黑、青为主底色，以红、黄、蓝、绿、白、金、银七色真丝线作吉祥花纹刺绣，底、花颜色反差强烈，艺术表现力极强，独具客家文化艺术特征，形式丰富多彩。尤其是色彩艳丽的吉祥童帽、肚兜与绣花图案、制作工艺，具有重要的实用价值和艺术价值。2021年5月，赣南客家服饰被列入第五批国家级非物质文化遗产名录。

四、客家名人

江南第一宰相 钟绍京（659—746年），字可大。史载为南康人或虔州人。卒后迁葬故里兴国县长信里。钟绍京书法师承远祖钟繇，近学薛稷，得其精华而自成一家。唐高宗年间，书法大家裴行俭积极推荐钟绍京入朝廷任职，初为司农录事，武则天垂拱三年（687年）以工书入凤阁（原中书省）。武则天也喜欢书法，对钟绍京很是欣赏。唐睿宗封钟绍京为中书令、越国公，享一品。钟绍京因此成为江南地区在朝中第一个宰相，故史称"江南第一宰相"。

四状元 郑獬（1022—1072年），字毅夫，号云谷，北宋文学家、政治家。虔化(今宁都)梅江镇西门人。宋皇祐五年(1053年)癸巳科状元，为客家赣南籍人士中第一位状元。谢元龙(1203—1282年)，宁都县黄陂镇人，南宋末特科状元。池梦鲤（1228—1279年），出生于赣县水脉洞（今赣州市章贡区南市街）。宋咸淳十年（1274年），池梦鲤中恩科状元，是赣县或赣州城有史以来唯一的科举状元。戴衢亨（1755—1811年），字荷之，号莲士，南安府（今大余）人。他乾隆四十三年（1778年）参加会试、殿试，成一甲第一名进士，状元及第，授翰林院编修。戴衢亨前后为官33年，曾任兵部尚书兼应天府府尹、工部尚书充会典馆副总裁官、会试正总裁官、户部尚书、协办大学士兼翰林院掌院学士、太子少师、殿试读卷官、会典馆正总裁、体仁阁大学士等职，可谓官高、位显、权重，但他不论是任职地方还是朝廷，不论是执掌文柄还是理财治兵，均兢兢业业，获得统治者的极高评价，亦为同僚和下层吏民所赞赏。赣南民间盛行的客家美食"状元红""荷包胙"，均与戴衢亨高中状元有关。

易堂九子　宁都翠微峰，清初就开始成为宁都县乃至整个赣南、江西的文化高峰。清顺治三年（1646年）春，为躲避清兵骚扰，魏禧的父亲魏兆凤率家人在易守难攻的翠微峰顶筑庐而居，魏禧、李腾蛟、林时益、邱维屏、彭士望、曾灿、彭任、魏祥、魏礼等九人先后来到翠微峰，大家把读书讲学的地方叫作"易堂"，九人遂得名"易堂九子"。从此，易堂九子及其道德文章传扬天下，以提倡古文、讲求世务为主，以气节文章名闻海内，对江西文化的传承与发展产生重要影响，是中国传统文化的重要组成部分。

赣南自唐以来，涌现了597名进士。赣南的科举过程有鲜明的地域或家族特征，科举有成者中涌现了一批显赫人物。赣南科举考试中共产生了4名状元、1名探花、5位宰相。赣南历史上通过科举考取进士的家族颇多，这些家族重视教育，往往自办书院、私塾或社学，或者送学子往郡学、著名学院，向名师求学。学子勤奋好学，知难而上。家族读书风气浓厚，家族中有科举成功者或政绩显著者，往往令后学引以为楷模，积极谋取功名。赣南科举有成的进士家族有很多，如：赣县曾准一门父子五进士，南康田壁一门五进士，上犹黄氏一门九进士，上犹钟作霖、钟祐、钟堤父子三进士，大余戴氏一门两宰相四进士，宁都严兴义一门五进士，宁都黄谅一书院五进士，兴国李潜一门八进士，等等。

上犹杨氏门榜"清白传家"

五、薪火相传

门榜显家声　赣南客家人素来重视文化传家,他们或以功名柱、牌坊表达对贤人的敬重,或以家训、族规传达对族人的教化,或以门榜、堂匾形式彰显姓氏的源流或荣耀。而门榜文化,尤以上犹县最为盛行。"清白传家""苏湖流芳""相国遗风"……走进上犹县的乡村,就像进入一座门榜展览馆,不管是百年老屋,还是现代楼房,门额上各种匾框和题词,令人目不暇接。目前,上犹全县180多个常住姓氏里,有160个姓氏保留有固定的门匾题词。全县乡村现有门匾题词4万幅以上。仅上犹县梅水乡园村客家文化墙上就列出了该村的39个姓氏门匾。门匾,以寥寥数字,彰显家声荣耀,凝聚了客家人对于祖辈的自豪,而且激励着后代不忘先祖、莫辱家风。

祠联传精神　假如说,客家门榜将一个个家族的渊源和典故予以彰显,那么,书写在客家宗祠、家庙的一副副客家对联,便是对赣南客家人生存理念、处世道理的另一种形式的提炼和总结。秉承中原文化传统,扎下根基的客家人家一定要建造祠堂,或敬奉祖先、举办祭祀庆典,或用于聚族议事、兴教办学。而能建造祠堂的客家族姓，必定瓜瓞绵延、人丁兴旺、安康富足。祠堂建成后的重要文化事项之一，便是书写祠联，以一种鲜明的文化姿态，将姓氏渊源、宗族理念、儒家思想、处世道理、美好愿望凝聚到一副副精短的联语中，再将这些联语铭刻在祠堂的大门两侧，或祠内的木柱、石柱上。祠联，成为彰显宗族荣耀、传承客家精神、教育子孙后代最直接的文化形式。

家训扬家风 在赣南地区，客家人家家有家谱，客家家谱本本有家训。族中子弟从研读家训中了解先贤事迹，明白为人的道理，懂得处世的规矩。家训是前贤向后人传播的为人处世最基本的道德行为准则，既集中体现了社会伦理的具体规范，也充分体现了赣南客家人"修身齐家治国平天下"的人生追求。在当下，家训所蕴含的价值观，以其丰富、朴实、深刻的内涵，仍然具有不可替代的文化意义。

谱写新篇章 20世纪20年代末，自从朱毛红军从井冈山来到赣南后，赣水这边便红了一角。轰轰烈烈的土地革命斗争，热热闹闹的参军扩红，艰苦卓绝的五次反"围剿"，载入史册的一苏大、二苏大……都在这片客家土地上发生与演绎。大柏地的弹洞痕迹犹在，寻乌调查的故事仍在流传，沙洲坝的红井水啜饮了多少回，"苏区干部好作风，自带干粮去办公"的兴国山歌传唱了几代人，共和国的雏形在瑞金诞生，"风景这边独好"的赞咏仍在会昌山上响彻，数十万烈士的鲜血泼洒在战场上，悲壮的二万五千里长征从于都集结出发，南国烽烟中浴血奋斗的三年游击战走出了步伐坚定的新四军……如果说，90多年前的赣南客家人用革命豪迈书写了令人敬重的红色史诗，今天的客家人又用饱满的奋斗精神，行走在新的长征路上，激情书写着新时代的又一阕战歌。

豫章文化
YUZHANG WENHUA

豫章文化是指以今天的南昌城区为辐射点，涵盖3县(南昌、安义、进贤)、6区（东湖、西湖、青云谱、青山湖、新建、红谷滩），也包括历史上的南昌府县如丰城、高安、靖安、奉新等地的区域性文化。

　　豫章文化孕育于春秋战国，萌芽发展于秦汉魏晋，成熟于隋唐，兴隆于两宋及明，延绵至清，影响于当代。其内容主要包含滕王阁文化、万寿宫文化、洪州禅文化、书院文化、宗教文化和耕读文化等。豫章文化具有重视教育、仕宦发达、崇尚文艺、注重名节、爱国报家、多元包容等特征，并形成了尊德尚文、自励包容的文化内涵。

　　豫章文化是赣文化的代表，它以南昌市为核心，经过周边县区，向全省传播，逐渐演变，形成了今日的赣文化。豫章文化在物质上的表现有很多，如讲究天人合一的豫章古村落。豫章文化中的行为准则十分丰富，耕读思想就是深入南昌人骨髓的准则之一。豫章的历代名人数不胜数，他们或独当一面，或影响深远，不变的是他们与南昌紧密相连。南昌民俗是典型的江西民俗，从瓦罐汤到藜蒿炒腊肉，从上坂关公灯到南昌瓷板画，饮食和艺术让南昌民俗更加精彩。

南昌滕王阁夜景

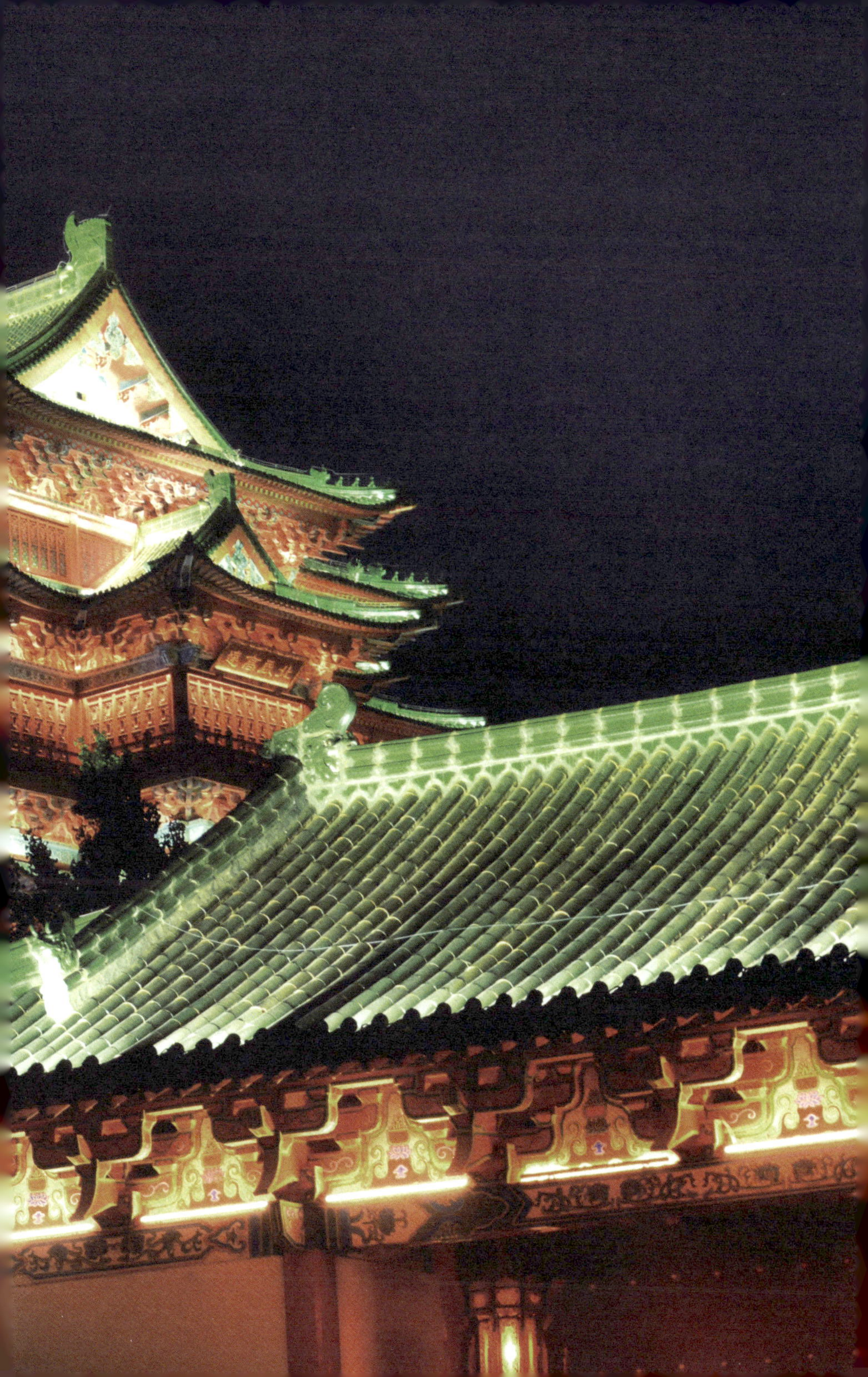

一、江西首府

南昌市是江西的核心地区，是江西最早设置郡治的地方，是江西文化的中心。自汉代开始，南昌就设置了豫章郡，隋代豫章改名为洪州。唐代洪州属江南西道管辖，并成为江南西道最大都市。五代十国时，洪州升为南昌府，一度成为南唐的"南都"。北宋孝宗年间改名为隆兴府，此后经过多次更名，至明代，南昌府之名固定下来，自此一直为江西首府。南昌水陆交通便利，传统工农业发达，物产丰富，是兵家必争之地。

南昌是一座具有2200多年历史的江南名城，始建于汉初。汉高祖五年（前202年）设豫章郡，辖区为今江西大部分市县，西汉大将灌婴在此筑南昌城。此后西汉九江郡守罗珠、东晋豫章太守范宁先后对南昌城进行修建，南昌逐渐成为江西的政治、军事、经济、文化中心。从汉初到隋朝，南昌一直是豫章郡的郡治。到了隋唐时期，豫章郡更名为洪州府，至此南昌又有了一个新的名称"洪都"。在唐代，南昌还经历了三次扩建。唐宪宗元和四年（809年），韦丹任江西观察使时，对南昌城的水利设施、民居、街道进行了整治。经此以后，洪州城成为商贾云集、人口众多的江南大都市。南唐时期，李璟为保全国土，于959年升洪州府为南昌府，定为南都。决定迁都于此，客观上对南昌城市建设起到了一定的规划作用，但是由于时间短促（仅4个月），并未给南昌带来实质性的变化。北宋时期，南昌已经是繁华的大都市；而南宋迁都临安后，南昌的战略地位更加凸显。明朝洪武年间，朱元璋登基后，对南昌府的建设极为重视，命自己的侄儿、大都督朱文正修建南昌城。几百年来，南昌城一直保持着明代的城市格局。直到近代，南昌城在战火之下，遭到了严重的破坏。

南昌自古以来便是水陆交通的枢纽。秦汉时期的京广古道、赣闽大道连接着南昌与其他地方。东汉时期，随着造船业的发展，江南地区基本上形成了以南昌为中心，以水运为主的水陆交通网。自隋唐开始，随着京杭大运河的开凿，江西又形成了新的水陆交通网。南昌交通的便利，促进了手工业、造船业的发展，也促进了商业的繁荣。

处于江南腹地的南昌，因其优越的地理位置，历来是兵家争夺的战略要地。早在春秋时期，南昌就是吴楚争夺的焦点。西汉初，高祖设立豫章郡，南昌开始成为江南重要军事据点。到了三国两晋南北朝时期，南昌的战略地位更加凸显。一直到民国，南昌始终受到统治者的争夺与重视。纵观南昌的军事斗争史，可以总结出以下特点：国家统一、政局稳定，南昌的战略地位相对下降；政局不稳，皇上则派亲信名将驻守南昌。动乱时期，南昌首当其冲，战略地位飙升。凡偏安江南的王朝都非常重视南昌。

从生产上来看，南昌是百业兴旺的鱼米之乡，粮食丰足，百姓无饥饿之忧，社会稳定、民心安定，百业兴旺。南昌是古今著名的稻米生产基地。粮食的丰足也促进了各业的发展，酿酒业、渔业、制瓷业、造船业、纺织业、造纸业等都极为发达。此外，南昌的漆器生产、茶叶加工、印刷业等，在古代也都享有盛誉。

二、名胜古迹

南昌至今仍保留了许多名胜古迹，它们既是古代物质文明的见证，也是传统文化的缩影。

洪崖丹井 洪崖丹井位于南昌湾里北面的乌晶源溪涧之上，是南昌最古老的名胜古迹，是明清"豫章十景"之一，文人骚客来南昌必游之地。洪崖丹井得名于洪崖先生采竹制笛子的故事。而后，洪崖丹井逐渐演变为道教名山。洪崖丹井是梅岭龙头景区，于1985年被列为江西省文物保护单位，2016年被认定为国家AAAA级旅游景区。

海昏侯墓遗址 海昏侯墓遗址，位于江西南昌新建区大塘坪乡观西村东南约1000米的墎墩山上。整个墓园占地面积约4万平方米，此处因发现海昏侯刘贺家族墓群而兴建。刘贺墓是迄今为止我国发现的保存最好、结构最完整、功能布局最清晰、拥有最完备祭祀体系的西汉列侯墓。海昏侯墓出土了上万件珍贵文物，入选 2015 年中国十大考古新发现。海昏侯国遗址公园按照国际一流遗址公园标准建设，划分为遗址博物馆区、墓葬展示区、紫金城展示区、考古预留区、入口功能区、历史体验生态休闲区等六大功能区，是南昌一大旅游观光、文化体验、生态休闲的好去处。

万寿宫 南昌有两个著名的万寿宫，一个是西山万寿宫，它是天下万寿宫的祖庭；一个是铁柱万寿宫，它是海内外 1000 多所会馆万寿宫的宗盟。西山万寿宫因许逊而兴起，被列为道教的洞天福地。目前，铁柱万寿宫所在的万寿宫文化街区既是道教文化庙会展示地，又是传统商业老街区；既是老南昌人忆旧、品尝小时候味道的地方，又是游客了解南昌传统与现代的旅游景区。

南昌铁柱万寿宫

滕王阁　滕王阁因滕王李元婴而得名，并因王勃而升华为天下第一阁。"阁以文传，文以阁名。"王勃的《滕王阁序》，一经出世，扬名天下，凡是读书之人，莫不读《滕王阁序》。一千多年以来，滕王阁引得无数文人骚客慕名而来，登阁赋诗，作文留念。滕王阁已不再是歌舞宴饮之楼，而是天下闻名的文化之阁。

除此以外，南昌还有古朴的绳金塔、洪州禅的发源地佑民寺、"江南地下宫殿"南极长生宫、东湖湖心岛的杏花楼等历史文化建筑。

三、俊采星驰

南昌自古以来就是物华天宝、人杰地灵的地方，历代所出的人才，宛如群星闪耀。尊师重教方面的代表有澹台灭明等；忠贞爱国方面的代表有刘绘等；著述方面的代表有朱思本、汪大渊和宋应星等；书画方面的代表有牛石慧、八大山人、罗牧、傅抱石和黄秋园等。他们有的是南昌人，有的是外地人，却都在南昌留下了不可磨灭的印迹。

澹台灭明　澹台灭明（前512—？年），字子羽，鲁国武城（今山东省临沂市平邑县）人。他在接触并学习先进的儒家文化后，决心南下，教化南迁的族人。来到南昌后，他积极从事教书育人工作。当时跟随他学习儒家文化的人有300多人。他建立了一整套教学管理制度，使南昌成为当时儒学在南方最有影响的地方。澹台灭明是中国最早主动放弃落后生产方式、积极教化族人接受儒家先进文化的少数民族代表，为中华民族大家庭的形成做出了杰出贡献。

刘綎 刘綎（1559—1619年），明代著名爱国将领。他13岁从军，经战无数，直至战死在抗击后金的萨尔浒之战，以身殉国。天启皇帝封他为太子少保，下令在南昌给他修建祠堂。刘綎武艺高强、深谙阵法，又勇气过人，是一个崇尚用武力保家卫国的将军，是一个即使在最后关头也不失英雄本色的杰出将领。刘綎给南昌留下了三处遗迹，分别是将军渡、将军庙和将军府。

朱思本与《舆地图》 朱思本（1273—?年）是道士中的杰出地理学家。从元代至大四年（1311年）开始，朱思本把主要精力用在撰写《舆地图》的工作上，长达10年之久。天下地图——《舆地图》，也是元明两朝地图的祖本。朱思本的《舆地图》在14世纪刊刻，以元朝控制的范围为主，绘制精度远超前人，范围之大更是前所未有。英国李约瑟在《中国科学技术史》中，称赞朱思本所绘制的地图，是一项"杰出成就"。

书画方面，南昌既有简笔水墨画名师牛石慧、水墨写意画传奇八大山人朱耷、江西画派的创立者罗牧，还有现代国画大家傅抱石、传统山水画大家黄秋园。他们的书画中都流露出自己的抱负和理想。

沧台灭明像

朱思本像

八大山人像

四、豫章民俗

时至今日,南昌仍然保留有不少著名的古村落,它们既是古代物质文明的见证,也是传统文化的缩影。南昌县的"近代南昌第一才子村"月池熊家村、新建区的"民间故宫"汪山土库、安义县的"中国历史文化名村"罗田村、进贤县的"中国传统村落"上艾溪陈家、"华夏笔都"文港和"中华酿酒文化摇篮"李渡镇,是典型代表。这些村落的先民充分利用周边资源,在解决生存问题的基础上,不断探索发展的道路,终于走出了各自不同的路子。

南昌地方的民俗是典型的江西民俗,其内容十分丰富。餐饮方面,醇鲜独特的瓦罐汤和南昌炒粉是当地人每天都要吃的,而藜蒿炒腊肉则

南昌瓦罐汤

是南昌人的挚爱。此外，南昌豆豉、糊羹、丰城冻米糖等，也颇具特色。

南昌的非物质文化遗产有上坂关公灯和瓷板画。

上坂关公灯，流行于江西省南昌市湾里区罗亭镇上坂村曹家自然村。"板凳龙"是闹元宵的传统民俗活动，是国家级非物质文化遗产。村民在关公灯活动中，虔诚无比，每年撑龙头者必须是人品端正、身家清白、得到村民认可者。在举行活动前，他要先沐浴；活动时，他身着大红袍。龙舞到哪里，鞭炮、烟花就响到哪里。整个晚上灯火忽闪，喧嚣声此起彼伏。黑夜中，那灯笼中的光，透过五彩纸，在舞动中显得绚丽无比，把整个村庄装点成一个童话世界。

南昌瓷板画又称瓷板肖像画，是一种直接在瓷板釉上，用特殊颜料绘画，然后经高温烧制而成的平面陶瓷工艺品。它永不褪色，是江西特有的绘画工艺品。南昌瓷板画，大致经过六代传承，是国家级非物质文化遗产。

浔阳文化
XUNYANG WENHUA

浔阳，江西省九江市的古称。今天的九江市，下辖5区、3市、7县：浔阳区、濂溪区、经济技术开发区、八里湖新区、柴桑区；瑞昌市、庐山市、共青城市；彭泽县、湖口县、都昌县、德安县、永修县、武宁县、修水县。浔阳文化指九江全境的地域文化。

九江独特的山川地理，催生了举世瞩目的政治、军事、经济、文化现象，伴生了三教文化、独特的庐山文化，也丰富了民间文化。九江之地，江湖交汇，背靠九岭山脉、幕阜山脉，紧邻鄱阳湖平原、洞庭湖平原、江汉平原，帝王将相出入于此，重大战役发生于此，物资转运集中于此，产生了许多著名的文化现象。号称"七省通衢"的九江，与外界交流频繁，使得这里诞生了许多宗师级别的文化名人，例如陶渊明、黄庭坚、袁隆平等。在外来人士和本土人士的共同努力下，九江大地上出现了很多"三教高地"甚至是"制高点"，例如东林寺、白鹿洞书院、简寂观等。诗词丛生、别墅林立的庐山，在浔阳大地上独占鳌头，在全国名山中也独领风骚。"三大茶市""四大米市""天下陈氏出义门"等称号以及湖口青阳腔、武宁打鼓歌等民间艺术，是九江广大人民创造的，彰显了这一方水土的民风、民俗、民生。

九江烟水亭

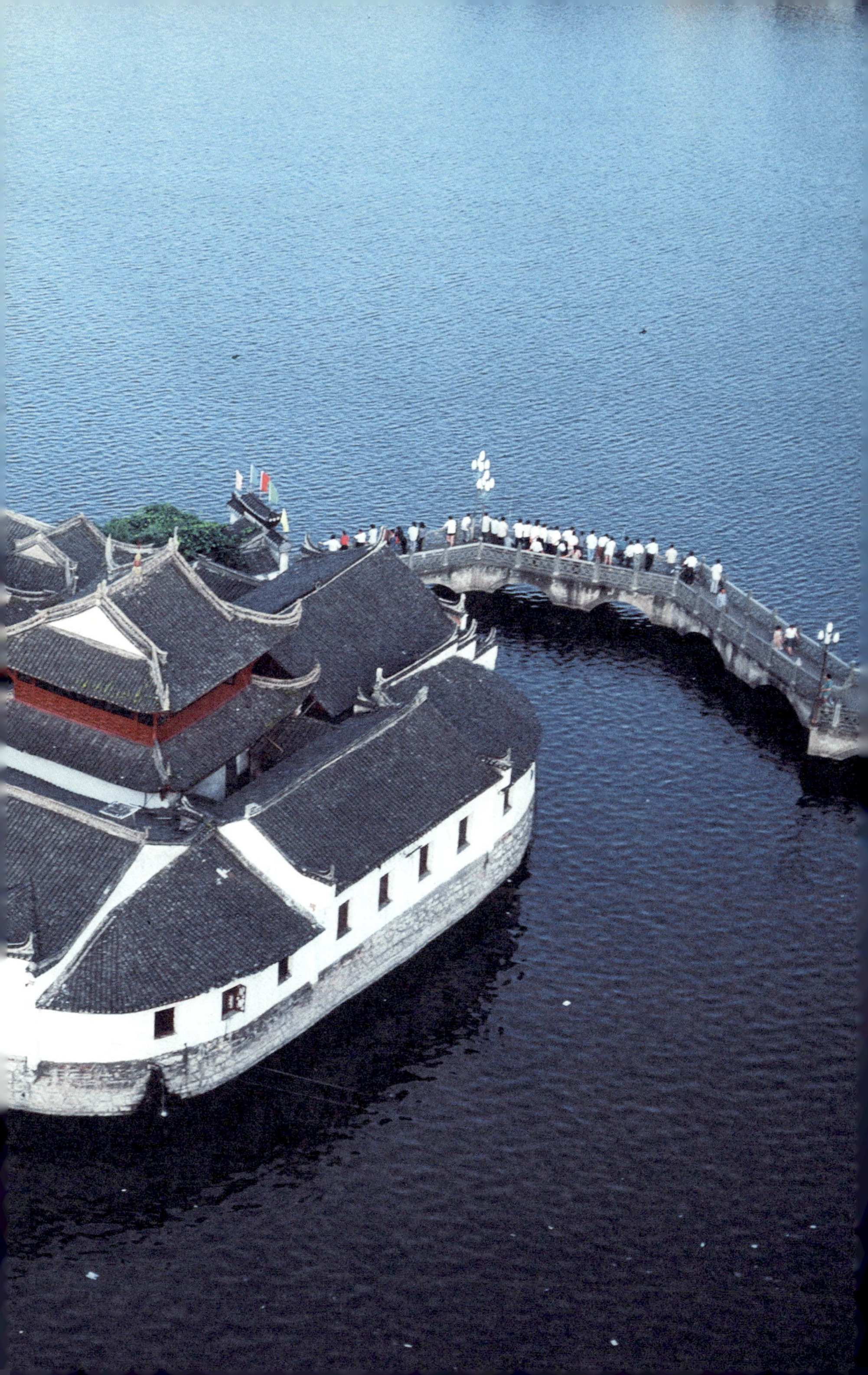

一、襟江带湖

长江是中国第一大江，鄱阳湖是中国第一大淡水湖，赣江通过鄱阳湖与长江相连，形成了贯穿东西、联通南北的水上交通体系，而九江就位于这个水上交通体系的"十字路口"，成为中国内陆最大水系的枢纽和节点。九江不仅是江汉平原、洞庭湖平原、鄱阳湖平原的物资转运枢纽，还有三大山脉作为屏障。北面的大别山脉，绵延于鄂东、皖西，是中原地区和长江中游的天然分界线；西部的幕阜山脉、九岭山脉，横亘于赣北、湘东、鄂南之间，为三大平原的制高点和分割线；东部的黄山山脉，纵贯皖南，将长江中游与长江下游地区分割开来。北、西、东三面山脉拱卫，长江从中穿流而过，这种地势意味着九江在军事上具有极为重要的价值，使九江成为历史上的兵家必争之地。

在距今 4300 多年的新石器时代晚期，赣北境内已经出现了大规模的人类聚居现象。在距今 3300 多年的商代，大规模的铜矿冶炼出现在赣北境内，留下了瑞昌的商周铜矿遗址。近数十年来，在德安县的博阳河小平原发现了大量的商代居住遗址，又在柴桑区马回岭的荞麦岭一带发掘出大型的商周青铜冶炼遗址。这两者与武汉盘龙城遗址、瑞昌商周铜矿遗址、樟树吴城遗址联系起来，就能比较清晰地展现当时青铜冶炼的盛况。

秦始皇统一六国后，赣北被纳入了大一统的国家体系之中。西汉初年，设立了柴桑县，从此九江有了明确的行政区划。元封五年（前 106 年）冬，汉武帝南巡到了寻阳（今九江），之后登

九江琵琶亭

上庐山，在山上建造了羽章馆，又将庐俗封为大明公，列入国家祭祀。东汉时期，柴桑城是"南粮北运"最重要的据点，这里便利的水上交通，为"南粮北运"提供了有力的保障。隋朝，东晋南朝的寻阳城被上涨的江水淹没了。唐朝初年，在寻阳城东北面十来里处设立浔阳县，新建了浔阳城。海平面的下降和云梦泽、古彭蠡泽北部的消失，导致汉水的流量大不如前，它的中上游已经难以满足航运的需要。而隋朝开通的大运河，更是彻底改变了航运路线。如此一来，九江地区便进入了"西粮东运"的时代。频繁的物资运输和人员往来，加速了九江地区经济、文化的发展。

二、名士风流

　　庐山自古就是名士隐逸之地。相传老子曾在此隐居，庐山五老峰下的青牛谷就因此而得名。老子还留下一个徒弟匡俗，他结庐山上，最后成仙，庐山因此得名。相传给张良传授《太公兵法》的黄石公也曾在这里隐居，

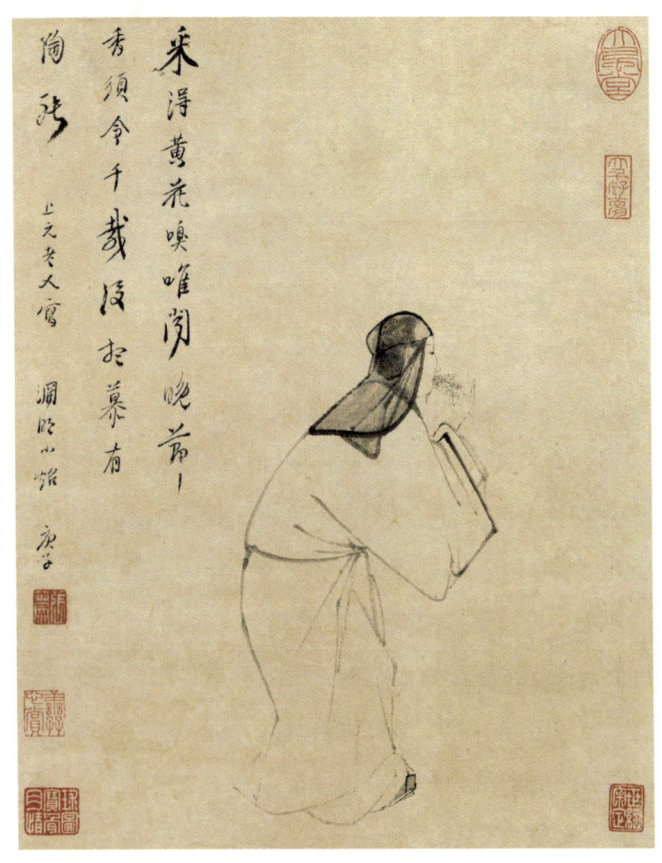

张风《渊明嗅菊图》（明代）

留下了庐山南麓的黄石岩。以庐山为中轴,整个赣北是儒、佛、道三教文化的交汇之地。周敦颐创建的濂溪书堂,成为理学教育的开端;朱熹重建的白鹿洞书院,成为"天下书院之首",两者都有深厚的儒家思想积淀。慧远创建的东林寺,成为净土宗的祖庭,庐山的"三大名寺""五大丛林"以及云居山的真如寺、修水的黄龙寺,都是禅门重地。董奉的杏林,陆修静的简寂观,则与道教关系紧密。

唐代设立浔阳县之后,"浔阳"就成了九江城的专称,"浔阳江"则成为九江城外一段长江的专称。通过众多诗人的歌咏,"浔阳江"充满了诗情画意,令人向往。从李白到白居易,从刘禹锡到苏东坡,他们留下的诗篇让"浔阳"妇孺皆知。如今琵琶亭依然屹立于江边,成为江南名城九江的文化名片,也是长江文化的名片。

彭泽县在历史上因两任县令而著名,第一个是陶渊明(?—427年),第二个是狄仁杰。陶渊明在位80多天,因不肯为五斗米折腰,毅然辞官归田,从此"陶彭泽"之名天下皆知。到了武周时期,名臣狄仁杰被武则天贬为彭泽令,他又一次让彭泽名扬天下。

修水,常常和黄庭坚联系在一起。修水双井是黄庭坚的故里,这里出产的"双井茶",被欧阳修和苏轼赞美,杨万里也留下了《以六一泉煮双井茶》的佳句。

九江辖区的都昌,诞生了著名爱国丞相江万里;永修县梅棠乡孕育了传奇建筑世家"样式雷"。近代以来,义宁大

山深处,走出了陈氏五杰,陈宝箴、陈三立、陈衡恪、陈寅恪、陈封怀五位著名人物,扬名天下。

近现代以来,赣北大地上涌现了许多著名人物。武宁的中国民主革命者李烈钧(1882—1946年),九江的近代著名新闻记者黄远生(1885—1915年)、新闻学奠基人徐宝璜(1894—1930年),近代革命家许德珩(1890—1990年)等,都推动了中国这片土地的历史进程。

"杂交水稻之父"袁隆平也是九江人,他1930年出生在德安县。他的一生,都在为解决人口大国中国的粮食问题不断奋斗。2004年,袁隆平获颁"世界粮食奖"。他从事的超级杂交稻研究,为推进粮食安全、解除贫困、造福民生,做出了杰出贡献。

庐山别墅

三、庐山画卷

诗意山水 庐山山水文化起源于东晋高僧慧远。他在庐山北麓的东林寺精研佛理,酷爱山水,创作了《游庐山诗》《庐山记》。"隐逸诗人之宗"陶渊明,一生大部分时间生活在庐山脚下,他的名作《归园田居》《饮酒》《桃花源记》,让人对庐山充满了向往之情。唐宋时期,庐山山水诗名作迭出,李白的"飞流直下三千尺,疑是银河落九天",白居易的"长恨春归无觅处,不知转入此中来",苏轼的"不识庐山真面目,只缘身在此山中"等,成为16500多首庐山历代诗词的代表作,让人感到权德舆的"九派寻阳郡,分明似画图"诚非虚言。

庐山望江亭云瀑

万国建筑博物馆　在古代，庐山上的建筑主要就是佛寺、道观和书院，它们的主体建筑与全国各地同类建筑差异不大，但在"天人合一"方面却体现了鲜明的庐山特色。东晋时期，高僧慧远建造的东林寺，北倚东林山，南眺庐山，背靠的东林山显得很低，而面对的庐山却显得很高，一开门便呈仰望之势。道观也是如此，如唐朝兴建的九天使者庙，宋代易名为太平兴国宫，背倚云雾缥缈的圣治峰，殿阁回廊布满了整个山谷，而两边山上又有道院30多所。庐山99座山峰，由奇峰、飞云、瀑布、山泉、古树、幽谷等构成了众多的景观区域，而庐山的古代建筑则与它们融为一体，成为山中园林，有"天人合一"之美。

近现代以来，庐山别墅群有"世界别墅建筑艺术博物馆"之美称。建筑风格大致有仿哥特式建筑、英国乡村拱券式风格、俄罗斯巴洛克式风格、美国圆顶屋式结构、日本仿唐式乡村风格、瑞士平顶屋结构等。从结构样式上大致可分为12个类型：周边内廊敞开式、周边内廊封闭式、半封闭半敞开外廊式、外廊单亭敞开式、单亭封闭式、双亭封闭式、大坡度陡屋面式、古堡式、雨淋板外墙轻型式、单人字顶式、双人字顶式、四坡水屋顶式。不同的建筑风格，又统一遵守了与自然山水融为一体的原则。于是这些风格各异的建筑，就与千差万别的植物群落、随地赋形的山间风景、变化莫测的庐山云雾一道，极大地丰富了庐山的景观。

四、世情风物

来商纳贾　九江是"四大米市"之一，"盆口米"囤积在溢口关（在今柴桑区城子镇），"钩圻米"囤积在钩圻邸阁（在今都昌县城西郊的钓矶山一带），这是当时长江中游两个最大的米粮仓（相当于如今的国库粮仓）。唐宋时期，九江的米市已经崭露头角。明清时期，九江米市更加发达。明朝景泰元年（1450年），初次在九江设置钞关，九江成为粮食和各种物资的转运码头。清朝雍正年间，九江米市进入了巅峰时期。第二次鸦片战争以后，九江辟为通商口岸，这进一步促进了米市的兴盛。清末民初，九江米市一度冷落，到1915年以后又逐渐复苏。抗日战争时期，九江沦陷，加上江西、湖北与安徽等地遭受大水灾，米市一蹶不振。

古村流韵 经过历史的洗礼，九江境内迄今保存完好的古村落仍有不少。都昌县苏山乡的鹤舍村，为袁姓的聚居地，迄今已有1800多年历史。修水县黄坳乡的朱砂村，位于大山深处，古老建筑有两万多平方米，至今保存完好，有人称它为"江南第一古村"。除此以外，截至2023年3月，九江境内由住房城乡建设部、文化和旅游部认定的传统村落有6个，即湖口县流泗镇东风村庄前潘自然村、修水县黄沙镇岭斜村箔竹自然村、修水县黄沙镇下高丽村内石陂自然村、彭泽县浩山乡岚陵村、武宁县甫田乡太平山村合港自然村、修水县布甲乡太阳村。

青阳腔 湖口青阳腔是明代隆庆至万历年间由徽商带进湖口的一种地方戏，又称"高腔"，清代盛行于湖口、都昌、星子等地，堪称"家家藏有手抄剧本，村村可见围鼓坐唱"。青阳腔继承并发展了弋阳腔，体现了浓厚的地方文化色彩。演唱方式上，它采用了单曲、联曲和主联曲三种体式，既有激情高亢的特点，也有平、低的音调，形成了声韵婉转、优美动听的声腔特色。

武宁打鼓歌 武宁打鼓歌又称"催工鼓""锄山鼓"，是一种以鼓伴奏的山歌。它历史悠久，大约在清初由湖北传入武宁，后又融入了吴歌的韵味和武宁的乡土风情，形成了自己的艺术特色，在武宁县的船滩、温汤、南岳、东林、浬溪、杨洲等乡甚为流行。

全丰花灯 全丰花灯盛行于修水县全丰镇，是一种综合了灯、戏、舞等艺术因素的表演形式。明清时期，全丰镇一带巫风大盛，道士活动频繁，全丰花灯的曲调即由道教音乐派生而成。全丰花灯的主要特色是灯队表演，灯种颇多。

除此以外，九江地区还有具有 400 多年历史的修水宁河戏、江西四大地方戏之一的武宁采茶戏、铅山花灯结合的九江茶灯戏与起源于明代的永修丫丫戏。还有历史悠久的瑞昌剪纸、湖口草龙、瑞昌竹编、金星砚制作技艺等高超手工技艺，它们都入选了国家级非物质文化遗产扩展项目名录。

周宇兰《瑞昌剪纸·狮子滚球》（当代）

袁州文化
YUANZHOU WENHUA

袁州文化是指今天江西宜春、萍乡、新余三个地级市范围内的区域历史文化。商周时代，这里出现了筑卫城、吴城等规模宏大的城市和青铜文明，人们由此可以窥见江西乃至江南的先秦文明面貌。

袁州的古远神秘，表现在这里出了不少隐士和高僧。汉朝的袁京，唐朝的郑谷、彭构云等著名隐世高士就曾隐居在宜春。宋朝，袁州在府城西门谯楼上设立了全国第一个地方天文台。宋以后，袁州的工商经济蓬勃发展。樟树的药材加工业和医药市场，上高蒙山的银矿开采和冶炼，万载的花炮和夏布生产等特色鲜明。明朝，袁州诞生了中国历史上第一位全面记录和阐述全国工农业生产工艺的科学家宋应星和他的不朽著作《天工开物》。刺史李将顺兴建的李渠，则是古代水利工程的典范。近现代中国第一位享誉世界的物理学家吴有训的科学成就，则进一步彰显了宜春科学文化的卓越成就。

新余仙女湖

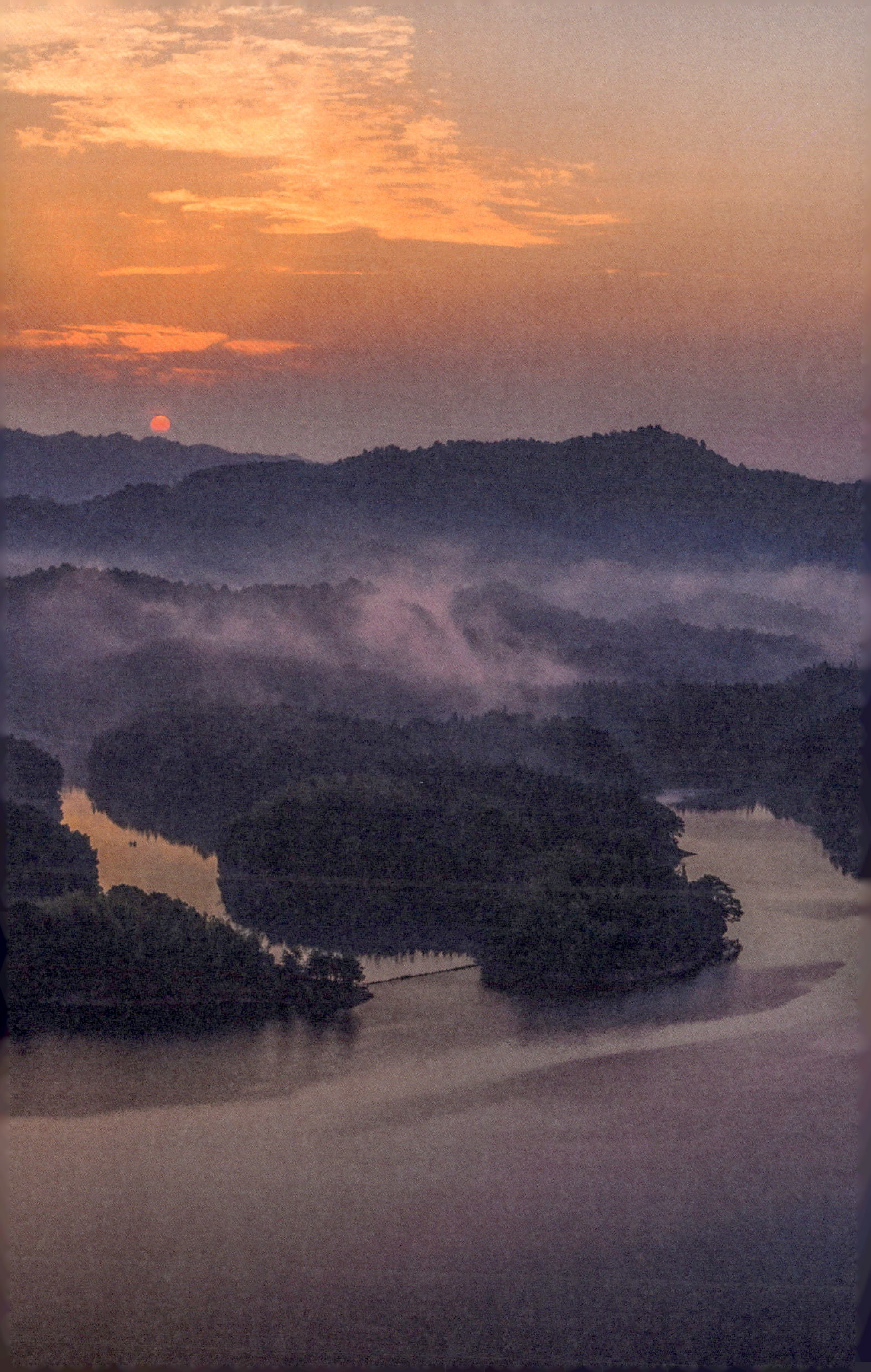

一、先秦文明

袁州文化的显著特点之一,就是这片大地上的考古发现,较早地揭示了江西乃至江南的先秦文明面貌。人们通过袁州地区出土的大量先秦文化遗址和文物,就可窥见江西乃至江南的先秦文明面貌。

20世纪50年代以来,我国考古学界在宜春地区进行了四次重大的考古发掘。1947年,江西考古先驱饶惠元在清江县(今樟树市)发现了一座疑似人工夯筑的土城——筑卫城;70年代后经发掘,证明它确是一座始于新石器时代、终于东周的人工夯筑城池,并且明确它是在江西境内发现的年代较早、保存最完整的人工夯筑城池。1973年,清江县山前乡吴城村农民在修筑水库时,偶然挖出了一批古代陶瓷和青铜器。随后考古部门经发掘研究,证明这里是一处商代青铜文化遗址,并且是长江以南发现的第一个具有殷商文化特征的青铜文化遗址。这一发现,彻底改写了此前史学界普遍认为中国"商文化不过长江"的历史论断。2007年,江西省文物考古研究所和靖安县博物馆在该县李洲坳发现了一座被盗墓葬。经发掘研究,证明它是一座春秋晚期一坑多棺墓,其特殊的墓葬结构为全国首次发现。2013年,省文物考古研究院和樟树市博物馆又在樟树国字山发现了一座被盗墓;2017年,经考古发掘,证明它是一座战国中期大墓。这四个先秦时期的文化遗址先后被国务院列为全国重点文物保护单位,后三个还分别被评为中国当年"十大考古新发现"之一。

筑卫城遗址 筑卫城遗址位于樟树市东南9千米的大桥乡洪光塘村东土岗上,是江西省最早的政治、经济、文化中心之一。筑卫城整个城

樟树筑卫城遗址

址呈方形布局，规模庞大，保存完好，东西宽 410 米，南北长 360 米，面积约 14 万平方米，古城的残墙最高处达 20 多米，最低处也有 4 米。城墙皆为泥土拌和沙石夯筑，残墙上长满了野草或灌木，足以容三四人并排行走。文物发掘研究结果表明，筑卫城遗址包括新石器时代、夏代、商代、西周、春秋、战国六大时期的文化堆积，是中国先秦遗址中延续时间较长、文化堆积丰富的典型遗存。这对于确立江西先秦考古学文化编年有着重要意义。

吴城遗址 吴城遗址是中国南方一处规模宏大的商代中晚期都邑遗址，其文化堆积所跨时代为公元前 15 世纪至公元前 11 世纪。遗址内青铜器及其冶炼设施的发现，打破了以往所谓"商文化不过长江"的历史论断；而烧造考究的原始青瓷器的发现，则证明了这一地区是我国青瓷器的发源地之一，而且把中国瓷器烧造的历史往前推了 1000 多年。吴城先民早在商代就发明了中国最早的龙窑，实现了规模化的大批量生产，从而最大限度地满足人们的生活日用需求，且降低了生产成本。

李洲坳墓葬 李洲坳墓葬是我国迄今发现的时代最早、埋葬棺木最多、结构最为奇特的一坑多棺墓葬之一。该墓葬位于靖安县水口乡李家村茅屋组李洲坳东坡，是有封土的大型土坑竖穴墓葬。从考古学文化分析，李洲坳墓葬出土文物与江西贵溪崖墓出土的同类器物基本一致，与湖南地区越人墓葬的随葬品组合也相似，反映了南方越人集团所具有的特殊文化现象；同时，从墓葬结构、漆器文物的某些特点分析，李洲坳墓葬又具有某些早期楚文化的因素。

国字山墓葬 国字山墓葬是迄今江西地区考古发现规模最大的东周时期墓葬，体现出多种文化因素交融共存的特征。该墓葬位于樟树市大桥街道彭泽村，地处筑卫城西侧约300米处的小山顶部。考古发掘发现，国字山墓室东西长约16米，南北宽约14.4米。墓内共出土了2600多件（套）文物。出土器物以漆木器为主，同时还有金属器、陶瓷器、玉石器等。

二、物产商贸

袁州的工商业始于吴城的青铜冶铸和原始青瓷制作，发展于汉代洪州窑的陶瓷产业；宋代以后，高安华林山的竹纸制造，上高的银矿开采和白银冶炼，以及樟树的医药工业和万载的花炮、夏布产业也蓬勃

靖安李洲坳墓葬出土的彩绘漆剑

兴起，并很快形成了全国著名的专业产地和产业品牌。工业生产的发展，自然而然地带来了商业贸易的兴盛和市场经济的发达。于是随着中国资本主义经济萌芽，樟树、万载便成了辐射全国的医药、花炮和夏布贸易市场；尤其是樟树的医药市场和樟帮医药经营队伍，更是在淮河—秦岭以南的半个中国独领风骚。

蒙山银矿和银冶炼　蒙山银矿遗址位于上高县城南30千米的蒙山乡。该银矿兴于南宋庆元六年（1200年），止于明万历二十三年（1595年）。蒙山银矿遗址主采矿区主要分布在蒙山太子壁等山峰范围内。太子壁矿井向西的监里村西侧，是当年银矿冶炼厂的遗址。蒙山银矿冶铸的银锭迄今尚有藏品。1977年，吉林省农安县三宝广山店出土元顺帝元统三年（1335年）亚腰形银锭两锭，分别为蒙山课银"元字号"和"天字号"银锭。银锭正面均刻有年号和提调官、催办官、银库官、炉户、银匠等人的名字。这对于研究蒙山开采与冶炼技术史、货币铸造史等具有重要价值。

万载花炮　袁州府内的万载、萍乡是我国古代烟花爆竹的主要产区之一。大约从18世纪中叶起，当地即已开始烟花爆竹的生产。万载花炮品种繁多，从原料加工到成品制作的整个生产过程，由70多道工序组成。全流程均需手工操作，技术含量高、流程复杂，故"万载花炮制作技艺"被国务院列入第二批国家级非物质文化遗产名录。

万载夏布和新余夏布绣　夏布，俗称"扁纱""生布"，为袁州特产，尤以万载所产最为著名，故统称为万载夏布。经过千百年的世代传承和不断改进完善，万载夏布的制作工艺日趋成熟，生产的夏布既刚又柔、色泽诱人。2008年，"夏布织造技艺"被国务院列入第二批国家级非

新余夏布绣虎头帽

物质文化遗产名录。新余传统夏布绣主要见于帐幔、童帽、云肩、口围、枕顶等实用生活饰品。新余夏布绣发展迅速,"夏绣"商标已是江西省著名商标。

三、村落风貌

　　袁州乃"越头楚尾"。宜春、萍乡、万载、新余、上高、宜丰、铜鼓诸市县受楚文化影响,其建筑风格多同于湘鄂;靖安、奉新、高安、樟树、丰城受越文化影响,其建筑风格多类同衢杭。如今,依然能在奉新的岳讷堂、靖安的雷家村、高安的贾家村、丰城的白马寨和厚板塘等地看到村落旧时的风貌。

天宝古村　天宝古村，位于宜春市宜丰县北部的天宝乡境内。目前尚存的主要是明清建筑，有宗祠、亭阁、画锦堂、观音堂、官厅、民居、石碑坊、宝塔、庵观寺庙等几大类；古建筑群属赣派建筑风格，建筑规模达80万平方米，其中著名的有刘氏宗祠、昭公祠、进士第、兄弟义士第等。

南惹古村　南惹村坐落在宜春市明月山风景名胜区洪江镇古庙村南端的崇山峻岭之中，背靠风景秀丽的明月山主峰太平山。这个村子不仅寂静，而且古时就有诸多佛寺环绕，因此该村原名"兰若"，原意为森林，引申为"寂静处""远离红尘之地"。村里连通各处的条条曲径，全是饱经千百年世事沧桑的鹅卵石古道。村里最吸人眼球的则是两棵树龄长达1600多年的银杏。在这里可以体会千百年来历代僧众和村民们封闭独处、自耕自食、修身养性、简单生存的生命韧性。

四、名人隐士

袁州最早的历史文化名人是一批隐士。这些隐士，保持独立人格，追求思想自由，不肯委曲求全，不愿依附权势，具有超凡的才德学识，

宜春天宝古村

崇尚自然无为的人生哲学。江西的科举文化从袁州兴起，得益于唐宪宗时期韩愈任袁州刺史期间的关注民生和力推教育。唐代江西一共出了56名进士，其中29名出自袁州。江西历史上第一个状元卢肇就是袁州人。袁州名人的另一个显著特点是重学术、重科技，如宋应星、周德清、吴有训等。他们以非凡的学术成就和不朽的著作，产生了深远的社会和历史影响。

袁京与袁州　袁京（公元69—142年），字仲誉，为东汉司徒袁安之次子。他对高官厚禄毫无兴趣，因而辞官远徙宜春，隐居于县城北山之麓，潜心研究孟氏易，作《难记》16万字，为东汉研究易经有成就的名士之一，世称袁高士。死后葬于其庐寓后山之腰。邑人因以其姓命名该山为袁山，山前之河为袁水。后宜春设置州府时，亦名为袁州。

宋应星和《天工开物》　明末著名科学家宋应星（1587—？年），字长庚，宜春奉新县瓦溪牌楼里人，举人出身。明崇祯七年（1634年）他任袁州分宜县教谕，并在这里写下旷世巨著《天工开物》。这本书被誉为"中国17世纪的工艺百科全书"。宋应星是世界上第一个科学地论述锌和铜锌合金（黄铜）的科学家。他记载的用金属锌代替锌化合物（炉甘石）炼制黄铜的方法，是人类历史上用铜和锌两种金属直接熔融得黄铜的最早记录。宋应星在自然科学理论上也取得了很高的成就。

吴有训和中国物理学研究　吴有训（1897—1977年），字正之，高安人，物理学家、教育家，是中国近代物理学研究的开拓者和奠基人之一，被称为中国物理学研究的"开山祖师"。他在清华大学创建了中国第一个近代物理学实验室，参与策划组建了中国物理学会，引领中国物理学界以独立平等的身份走向世界。

高安采茶戏《四九看妹》剧照

五、戏曲傩舞

截至2023年,宜春市有9个国家级非物质文化遗产代表性项目;如果加上萍乡和新余,整个泛袁州文化区共有国家级"非遗"项目16个,与九江并列江西第一。

高安采茶戏 高安采茶戏是江西省四大采茶戏之一,2011年,国务院将其列入国家级非物质文化遗产名录。高安采茶戏原名高安丝弦戏,起源于明清时代,是在早期高安民间灯歌、灯彩和傩舞等民间艺术基础上，吸收了明清时期的瑞河戏、锣鼓戏等剧种的有益成分，进一步演绎而成的一种传统表演艺术。高安采茶戏具有语言通俗生动、行腔淳婉清越、表演质朴优雅的艺术特色。

傩文化　万载开口傩又称"跳魈"，流传于万载县乡间和邻县部分地区，大约诞生于元末明初；2008年经国务院将其列入第二批国家级非物质文化遗产名录。万载开口傩集舞蹈、锣鼓、说唱为一体。其服装造型简单、古朴，在传统戏剧图文样式的基础上，加入了具有地方特色的色彩搭配。傩面具是傩文化的重要象征，也是傩舞不可缺少的组成部分。通过傩面具的使用，可以形象地区别出各角色的艺术形态特征，刻画人物个性，丰富故事情节。萍乡湘东傩面具雕刻源于清代，其继承的是宋代傩面雕刻技艺。湘东傩面具以樟木刻制品为多，面具造型沿袭古法，程式独特，注重对人物性格的刻画。

锣鼓声声　万载得胜鼓是一种富有地方特色和浓郁乡土气息的传统吹打乐。乐曲主要来源于民间灯彩和民间锣鼓，表现了古代将士出征、凯旋、荣归、庆功场面，演奏风格粗犷有力，音乐富有气魄，使人为之振奋。

萍乡春锣是运用萍乡方言说唱的一种民间曲艺，主要流传于萍乡、宜春。其表演形式比较简单，由一人演唱，在腰部用红绸系一面小鼓和一面铜锣作为乐器，进行站唱或走唱。曲词生动流畅、通俗易懂，演唱常用夸张手法。传统曲目有《贴图》《送春》等。

花镲锣鼓，丰城民间俗称"吹打"，顾名思义，是以"吹"和"打"为主的器乐演奏形式。它萌芽于南宋时期丰城荣塘镇龙光书院，有

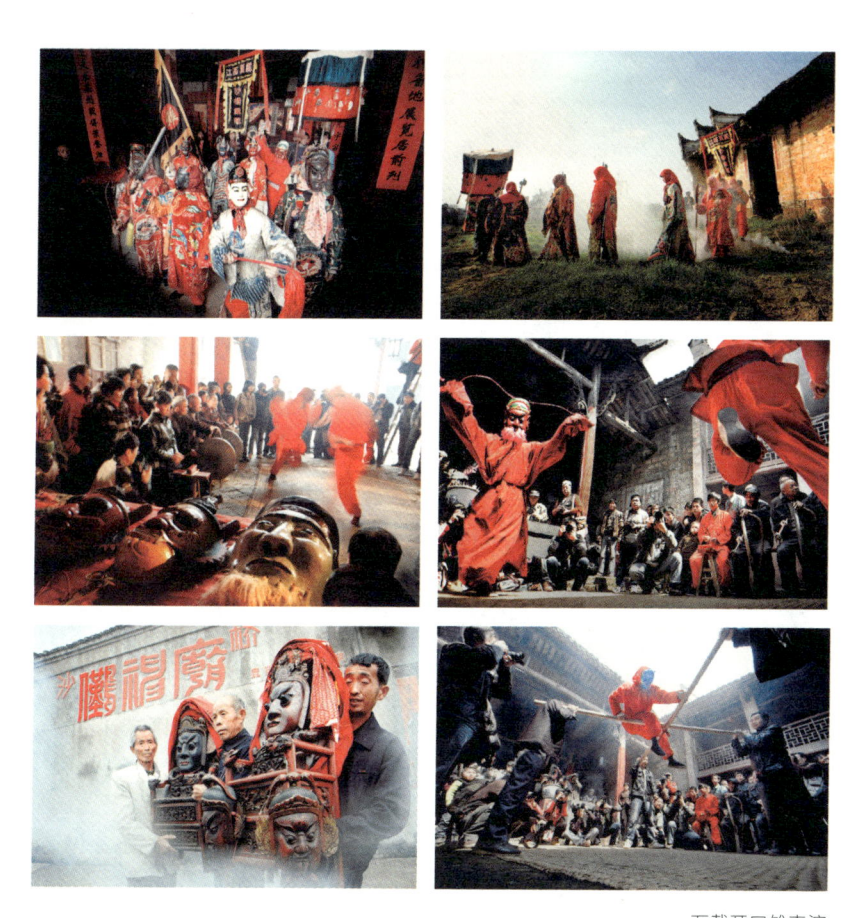

万载开口傩表演

800多年的历史。丰城花镲锣鼓的曲牌,按来源可分为民歌性曲牌、戏曲性曲牌、传统性曲牌、移植性曲牌四大类;按鼓槌使用特点可分为单鼓槌和双鼓槌;按体裁形式可分为长牌和短牌。丰城花镲锣鼓与百姓日常生活息息相关,具有丰富的民俗文化内涵。

饶信文化
RAOXIN WENHUA

饶信文化是今上饶市，古信州、饶州管辖地区的区域文化。饶信文化由饶州文化、信州文化和婺源所代表的徽文化组成。饶信文化具有两千年文化积淀，有鲜明的地方特色，同时还留下了丰富的历史文化遗产。上饶境内有世界自然遗产三处，即世界自然遗产地三清山、世界丹霞地貌遗产地弋阳龟峰、世界自然与历史文化双遗产地铅山北武夷山，还有世界稻作及陶作文化起源地万年仙人洞。此外还有国家级旅游风景区婺源县，国家级湿地公园鄱阳湖、万年神农宫等。

长沙王吴芮是饶信文化的第一个开创者。程朱理学和陆王心学的代表人物都聚集在上饶，让江西成为理学发展的中心。朱熹之后饶信大地上能人辈出，让信州成为元代理学的主要传播复兴之地。进入明代，吴与弼及他的弟子如胡居仁、陈献章等形成了颇具影响的崇仁学派。上饶文风独特，千年科举培养了进士2097名，其中状元13人，世家、宰辅多至23人。他们在不同的时代，为国家做出贡献。物产上，饶信大地矿产丰富，德兴铜矿、铅山永平铜矿在唐宋已经开采；张潜发明的"胆水浸铜法"，在宋朝推广全国。环鄱阳湖的万顷良田更是全省的粮仓，铅山的连四纸蜚声中外。

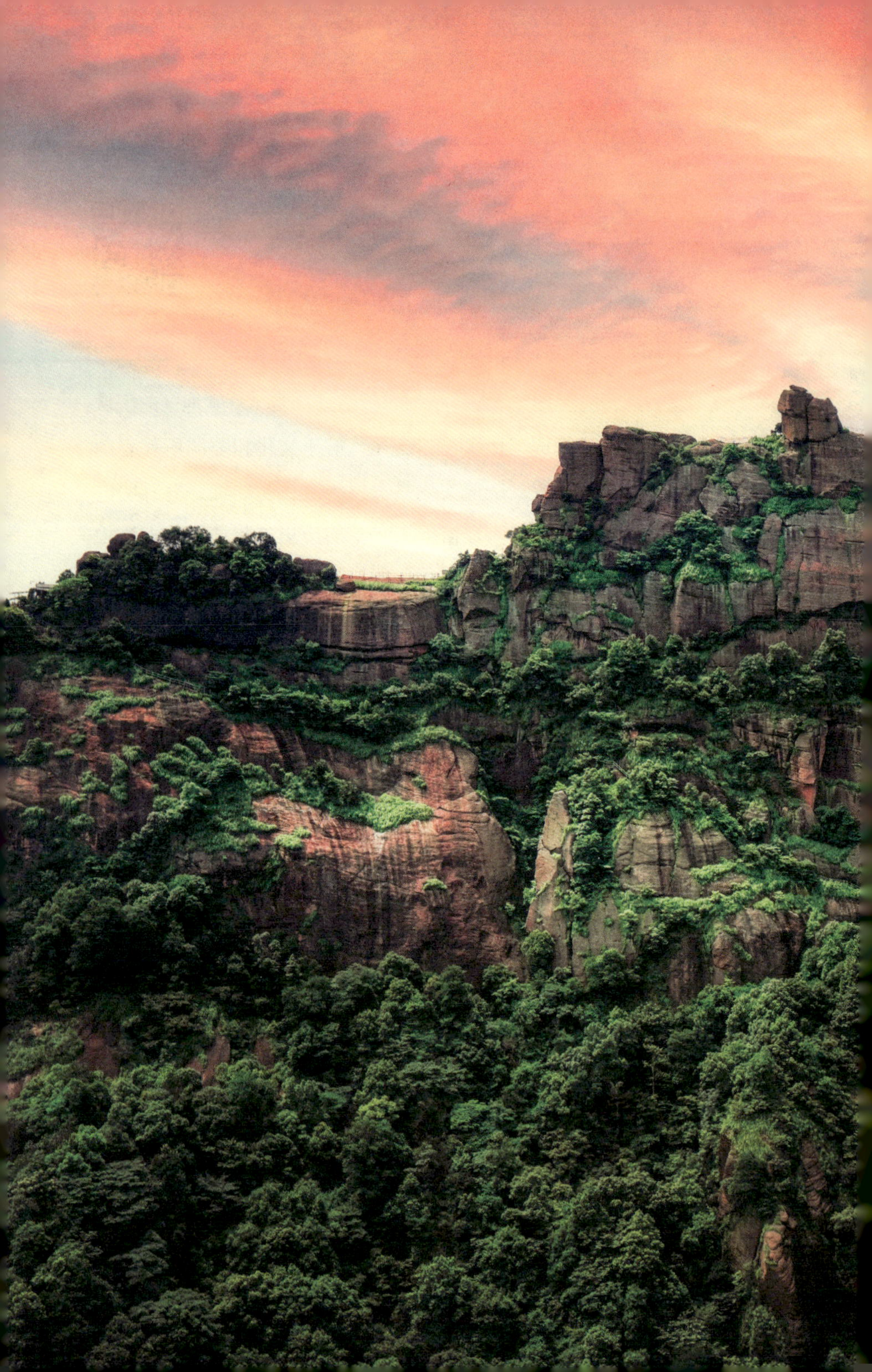

弋阳龟峰景区

一、信美之州

　　山川有形势，区划有离合。饶州、信州，分分合合，最终结为一体，是为上饶。境内信江，东起怀玉山脉，蜿蜒600余里，向西流入鄱阳湖，再经湖口，入长江。从这里沿着水路，上可达湖湘巴蜀，下可至江浙沪皖。上饶东南方向，群峰耸立，武夷山脉最高峰黄岗山号称"华东屋脊"，矗立在铅山之南。其脉则东指五府，逶迤北下至怀玉、三清等山脉。信江河在这里起源，源清水洁，前人或谓"信美之州"。千年之后，徽州婺源的划入，则上饶之境，积淀了赣鄱文化、吴越文化和徽州文化之精华，吴头楚尾，江山胜迹，是自然遗产与文化遗产融合之地。

　　名城胜迹　　信州山川奇美、名胜遍布。信州四郊就有南岩、月岩、云洞、虎岩、青岩寺、黄岩寺、龙门寺、灵山、铅石山等名胜，名家题咏无数。州治饶州雄峙于地势较高的信江北岸。这片地区是古时信州精华地段，历代人文景观密布。古文化建筑和景观建筑相连成片，沿江排列，两岸风光隔江互衬，人文景观与水光山色交相辉映。信州的锦绣河山更吸引无数文人墨客到来。仅南宋就有官邸、名人别墅百余家。茶圣陆羽在城西北掘泉种茶，名相赵汝愚也曾任职信州，在南屏山修建南台。这些名胜古迹，极大地丰富了信州源远流长的历史文化，成为历代文人墨客文学创作的不竭源泉，同时也承载了一方水土的文化传承。

　　最美乡村婺源　　婺源景区是一个以县城命名的景区，境内林木葱郁、峰峦叠嶂、峡谷深秀、溪流潺潺，奇峰、怪石、驿道、古树、茶亭、廊桥及多个生态保护小区构成了婺源美丽的景观。这里民风淳朴、文风鼎盛,名胜古迹遍布全县,有保持完整的明清古建筑,有田园牧歌式的氛围和景色,自古有"书乡"的美称。

万年神农宫　　神农宫位于万年、弋阳、乐平三县(市)交界处的万年盘岭村,与吊桶环遗址遥相呼应。神农宫是亚洲较为年轻的岩洞,具有典型的喀斯特地貌特征,集现代地下河与古河道于一身。神农宫全长近10千米,落差达300多米。洞府中各种乳石品种繁多,琳琅满目。洞内石瀑悬泻,石幕低垂,到处是形态各异的钟乳石。它们和大量洞穴生物一起,构成了一个丰富多彩的地下世界。

万年神农宫

婺源篁岭晒秋

弋阳龟峰 弋阳县城南信江南岸圭峰镇,地处三清山、龙虎山和武夷山之间。因其"无山不龟,无石不龟",且整座山体就像一只硕大无朋的昂首巨龟而得其名。龟峰山发育于距今1.35亿年的白垩纪晚期,是雨水侵蚀型老年期丹霞峰林地貌的典型代表。

饶信大地上,有世界稻作的发源地万年仙人洞,它是我国首次发现的从旧石器时代向新石器时代过渡的人类活动文化遗迹;有"三清天下秀"的道教名山三清山,它还是世界自然遗产地、世界地质公园。

上饶各地物产丰富,铅山永平的铜、铅,德兴的铜、锌、金、银,万年的贡米,婺源的绿茶、石雕、砚雕,铅山的河红茶、连四纸,鄱阳的漆器,都历史悠久、颇具特色。

二、古建气韵

江南民居，多姿多彩，而上饶最有特色者，一为民居建筑，二为书院建筑。民居建筑以广丰嵩峰乡王家大屋为典型，石雕大门三开，封火围墙四合。大屋体量宏大、布局完整；宅院规划科学、主从有序、功能分明。大屋选址科学，三面临山、一面临水，形成了一道天然的屏障，既防天灾，又避兵匪，俗称"金带环抱"。婺源的徽式古建民居与宗祠建筑相映成趣，石雕、木雕精美无比，是至今保存完好的民间艺术。饶信之地文风鼎盛，书院林立。鹅湖书院、叠山书院、信江书院迄今保存完好，庄严恢宏，融合了民居和宫观庙宇建筑艺术之长。

山水家园　地处江南丘陵的饶信，在险峻、崎岖的山水之间，至今遗存着很多美丽的古村落。这些古村落往往后靠青山，前临绿水，非常注意人和天、地、山、水等环境的关系。它们散布于青山绿水间，与层层田畴、缭绕云雾相映成趣，积淀着厚重的传统文化底蕴，叙说着悠久的历史文明。如弋阳洪山畲族村有东出闽越的周村古城关、古驿道，有殿山峡谷古寨门、洪山古桥梁，有典型的山村民居建筑，有民风淳朴、浑然天成的畲乡古村落；铅山县石塘镇的石塘村，则以实物的形式记载了各个时期民俗建筑的发展史，被称为"明清古建筑博物馆"；婺源的严田村，则被称为古人实践"天人合一"理论的杰出典范之一。

徽式古建　饶信地处江西省东北端，与安徽、浙江两省毗邻，风景优美，古迹众多。婺源县的划入，带来丰厚的徽州文化。著名的古建筑群，显示了浓厚的徽式风格。婺源的古村落，是中国古建筑保存最多、最完好的地方之一。全县至今仍完好地保存着明清时代的古祠堂113座、古府第28栋、古民宅36幢和古桥187座。明清官府建筑与宗祠建筑，仅沱川乡里坑村，就有多栋富丽堂皇、雍容典雅的府第。思口乡延村的清代民居古建筑群，亦颇具特色。这里是徽商聚居之地，住宅都精心打造、精雕细琢、堆花砌锦。还有俞氏宗祠、百柱宗祠、萧江大宗祠等，是婺源著名的宗祠建筑。

三、理学重地

江西是理学发展的中心地带，信江河流域，环鄱阳湖地带，都曾经是理学家及其门人活动的地方。北宋熙宁年间（1068—1077年），理学的创始人周敦颐曾隐居于庐山莲花峰下，建濂溪书院，授徒讲学。南宋淳熙年间（1174—1189年），朱熹知南康军，在庐山修复白鹿洞书院，推承濂溪之学。朱熹祖籍婺源，曾两次归家探亲扫墓，有不少婺源、德兴的门人。

鹅湖之会 这片大地上进行过一次理学心学之争，那便是著名的鹅湖之会。宋淳熙年间，在吕祖谦邀约下，朱熹与陆九渊、陆九龄兄弟论辩于鹅湖寺。之后，宋理宗赐名"文宗书院"，而有后来之鹅湖书院。

汪应辰 除鹅湖之会外，汪应辰（1118—1176年）也为饶信理学做出了贡献。他是中国科举史上最年轻的状元。他接物温逊，遇事特立不回、坚定不移。虽遭秦桧排挤，流落岭峤17年之久，他却"处之裕如也，益以修身讲学为事"。

介轩学派 介轩学派是南宋末董梦程所创学派。董梦程，号"介轩"，学者称"介轩先生"，故称其所创学派为"介轩学派"。学派中有三位核心人物——德兴的董铢、程端蒙和朱熹的女婿黄榦，三人都是朱熹弟子。介轩学派虽然规模不大，但其历代传衍，可记载者相延6代，代有名家，且著述丰富。介轩学派扩大了朱子学传播范围，普及了朱子学说。

余干之学 余干人胡居仁，幼即聪敏，人称"神童"。成年后，他师从崇仁硕儒吴与弼，饱读儒家经典，尤致力于程朱理学。常与友人陈献章、娄谅、谢复、郑侃等人交游，吟诗作赋。人谓之吴与弼派，名闻当时，影响后世。胡居仁以一介布衣，而与明代大儒陈献章、薛瑄、王阳明并列，从祀孔庙，成为明代四大名儒之一。余干之学的骨干有娄谅、罗伦、张元祯、胡九韶诸人。他们在饶州余干县、广信弋阳龟峰广招学子，共创讲会，形成一个以程朱理学研讨为中心的学术团体。

四、诗文兴盛

上饶诗词文学之盛，至今已达数百年。

唐代的上饶诗人所载甚少，《全唐诗》只收录饶州的吉中孚、卢纶及唐末信州的王贞白等三人。卢纶一生诗名远播，堪称大历十才子之冠。然屡试不第，人生与仕途坎坷。唐朝上饶的另一位诗人吉中孚，初为道士，还俗后至长安，历谏议大夫、户部侍郎、判度支事。王贞白是唐末五代十国时著名诗人。在登第授职之间的 7 年中，他随军出塞抵御外敌，写下了许多边塞诗，有不少反映边塞生活、激励士气的佳作。

韩元吉（1118—1187 年），南宋诗人。宋朝南渡后，寓居信州上饶（今上饶信州区）。绍兴二十三年（1153 年），韩元吉应黄仁荣之聘，到信州幕府供职。他平生交游甚广，与陆游、朱熹、辛弃疾、陈亮等当代名流和爱国志士相善，多有诗词唱和，著有《南涧甲乙稿》《南涧诗余》。做信州幕府的 4 年，是韩元吉认识信州、爱上信州并决定定居信州的重要原因。4 年中，他对信州的山水、风土、人情都有全面而深入的了解，

姜夔《跋王献之保母帖》（局部）（南宋）

因此他在晚年毫不犹豫地选择定居上饶。

饶州还有一位词作大家名为姜夔（1154—1221年），自号白石道人。姜夔曾多次参加进士考试，但都名落孙山。他那用健笔写柔情的是白石词，是其最大的艺术成就。白石词不同于其诗，其诗是从江西派上窥晚唐，其词则是用江西派来匡救晚唐温、韦及北宋柳、周的词风。姜夔词，既重音律，又崇格调，语言凝练，想象无穷，余味不尽。姜夔在书法上同样有造诣，在王献之《保母帖》后留下了他的书迹。

信州还有著名的爱国诗人谢枋得，辛弃疾的第二故乡也是信州。稼轩词风在清代的代表人物是蒋士铨，他以慷慨激昂、哀凄悲愤的词风，与稼轩词走到了同一道路。见于史册中的人物，还有宋代的王钦若、曾几、洪迈、郑望之、刘韐、王洋、晁谦之、朱熹、赵蕃，以及明代的费宏、夏言、杨时乔、郑以伟、娄谅、夏尚朴等人。

庐陵文化
LULING WENHUA

庐陵是吉安的古称。今吉安市辖2区、1市、10县。庐陵文化主要是指在古庐陵范围内出现，以楚、越文化为源头，经与中原文化长期融合而形成的传统文化。庐陵的文化从汉末开始萌芽，从唐代中期到清代中期，辉煌了千年，影响至今。其中，宋朝与明朝时形成高峰。

　　文章节义是庐陵文化的鲜明特征。欧阳修、杨邦乂、胡铨、周必大、文天祥、杨万里，"五忠一节"辉耀青史。文天祥"人生自古谁无死，留取丹心照汗青"的民族气节更是千古绝唱。"一门三进士，隔河两宰相，五里三状元，十里九布政"，赞颂的是吉水县科举之盛；"三千进士冠华夏，状元之乡金庐陵"，则是古代庐陵士子在中国科举史上铸就的自信与豪迈！"阳明一生精神俱在江右。"邹守益、聂豹、欧阳德、罗洪先等王阳明嫡传弟子开创的青原讲会盛况空前，使庐陵成为心学传播的重镇。"追求卓越，坚守气节""放眼天下、崇文重教、传扬家风、团结拼搏、忠义报国"，这是庐陵文化的思想精髓和行为特质。庐陵文化为天地立心、为生民立命、为往圣继绝学、为万世开太平的家国情怀、人文精神，生生不息，至今仍不断绽放出新的时代光芒。

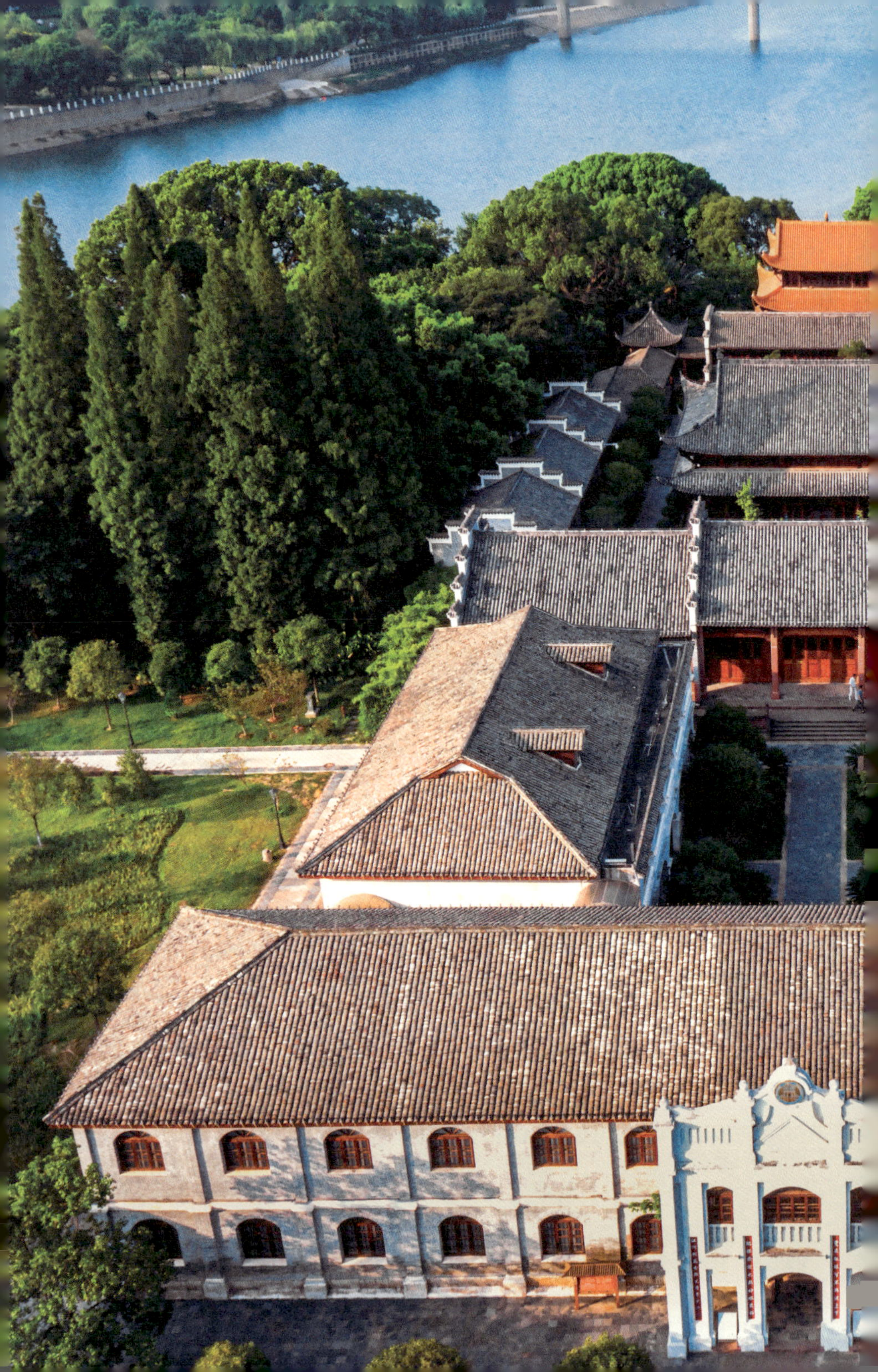

吉安白鹭洲书院

一、江南望郡

古庐陵一带，钟灵毓秀，商贾如云，群贤毕至，被誉为"江南望郡"。古庐陵郡城一带，山川秀美，自古有"八景"美誉，即白鹭文澜、青原晴瀑、金井泉香、螺峰霞照、东城桃锦、南塔龙云、神冈帆影、华岭溪声。以赣江中的白鹭洲书院和青原山净居寺为代表的山水风光，则成为庐陵口耳相传的"智水仁山"。

吉安，是山的世界，是水的故乡。城内，螺子山、真君山、天华山、神冈山，四山环抱，拱卫这满城的文秀；城外，青原山、天玉山、大东山、玉笥山、武功山、羊狮慕、南风面、井冈山……群山绵延，重峦叠嶂，塑造出吉安的刚毅伟岸。赣江，是吉安的母亲河，还有禾水、恩江、泸水、蜀水……一条条赣江的支流交汇，润泽出吉安千年的丰饶。

庐陵耕作技术，为中国古代文明做出突出贡献。中国第一部水稻品种专著《禾谱》诞生在这里。吉安拥有世界灌溉工程遗产槎滩陂，是名不虚传的"江南粮仓"。庐陵自古以来就是杉木和毛竹的主产区，龙泉

井冈山

市（今遂川县）首创杉木在商品流通中以码两计价的方法，是最早问世的原木材积表。自唐朝以来，一直到清末，因盛产竹木，庐陵始终在中国造纸业当中占有重要一席。这里还是全国重要的夏布生产基地。而吉州窑在宋朝时与定窑、磁州窑、钧窑、耀州窑、建窑等窑场齐名。1989 年出土的新干大洋洲商墓，是继河南安阳殷墟、四川广汉三星堆之后又一震惊世界的重大考古发现，名列"20 世纪中国百项考古大发现"。

二、崇文重教

崇文重教之风，自古以来在庐陵盛行。庐陵文化的繁荣发展，与外地几位名贤大儒的引领以及带来的丰盈先进的外来文化密不可分。杜审言办诗社兴文风，颜真卿置学舍、传忠义，江万里创建江西三大古书院之一的白鹭洲书院。

贤母教子家风美。我国古代公认的贤母有四位，除了耳熟能详的孟母、岳母，还有陶母（东晋名将陶侃之母湛氏，今新干县人）、欧母（欧阳修之母郑氏，今永丰县人）。四大贤母，庐陵就占了两位。欧母"画荻教子""陪子贬谪""教子仁爱"，陶母"教子惜阴""退鱼训子""截发筵宾"。吉安深受古代庐陵贤母的影响，各家各户都崇文重教、传扬家风，努力将子女培养成国家栋梁之材。

联匾家训春风化雨。徜徉于庐陵大地，最常见的匾额是"诗书传家",最流行的楹联是"忠厚传家久,诗书继世长"。这些联匾家训,春风化雨、教化后人,孕育出代代英才,酿造出光耀千秋的庐陵文化。人文蔚起的吉安县永阳镇曲山村萧氏宗族,文化接力,培养出状元萧时中。通过萧时中的垂范和带动,曲山人才济济,仅明清两代便走出进士25名,可谓科第连绵。新圩毛家100多年间,名士辈出,有博士教授村的美誉。近代以来的毛家,以"继宗祖一脉真传克勤克俭,教子孙两行正路唯读唯耕"为训。这块联匾家训,是烙刻在村民心坎上的壮丽愿景,携着绵长浑厚的力量,推举着毛家一步步成为名门望族。

三、文章节义

庐陵历代先贤恪守"刚建有为,自强不息"的积极人生态度,忧国忧民、心怀天下。他们在逆境面前不畏缩,在强权面前不折腰,居庙堂时霖雨苍生,处江湖时著书授徒,始终保持高洁的操守。杜审言、颜真卿、江万里、王阳明等外地赴庐陵就任的官员,他们的廉洁之风、刚直气节,也深刻影响着庐陵大地的社会风气。一代大儒欧阳修,开宋300年文章之盛,从此,庐陵拥有"文章节义之邦"的千古美誉。

关于"节义",宋代有"五忠一节"之说,即文忠公欧阳修、忠襄公杨邦乂、忠简公胡铨、文忠公周必大、忠烈公文天祥、文节公杨万里。正由于这种"节义","二十五史"中入列传的人物,庐陵多达287人,占江西的35%。源远流长的节义传统,指引着一代代吉安人前赴后继、团结拼搏、忠义报国,演绎了许多可歌可泣的革命故事,涌现出无数不怕牺牲、英勇斗争的革命英雄,铸就了跨越时空的伟大的井冈山精神。

吉安文天祥纪念馆

井冈山精神汲取了庐陵文化中的养分，与庐陵文化一脉相承，并赋予其新的时代内涵。

名家华章　北宋文坛执牛耳者欧阳修著述繁富，"二十四史"当中就修了两部，包括《新唐书》和《新五代史》，所撰《集古录》为中国现存最早的金石学著作。峡江罗田西江村的孔文仲、孔武仲、孔平仲三兄弟，蜚声北宋文坛，其政治主张、文学思想与欧阳修基本一致，诗文注重反映现实，造诣颇深，与当时享誉天下的苏轼、苏辙齐名，号称"二苏三孔"。南宋"诗坛霸主"杨万里，他以其"诚斋体"与杰出诗人陆游、范成大、尤袤齐名，被推为"中兴四家"。宋末元初著名词人刘辰翁的"苏辛之风"，家国情怀浓厚，充满壮志未酬的感慨。

文献流芳　《永乐大典》是世界上最早也是最大的百

科全书,全书正文22877卷,凡例与目录60卷,分成11095册,总字数为3.7亿字左右。吉水人解缙(1369—1415年),就是这部巨著的总编纂。他与杨慎、徐渭并称"明代三大才子"。中国第一本分省地图集《广舆图》的创编者罗洪先(1504—1564年)是吉水县盘谷镇人。他既是明代著名的理学家,又是出色的地理学家。被誉为中国西域外交"百事通"的《西域行程记》和《西域番国志》,两本书的作者为吉水县阜田高坑上陈家村的陈诚(1365—1458年)。他于明永乐十一年(1413年)八月出发,穿河西走廊,出嘉峪关,自玉门入西域,沿途经过哈密、火州、于阗、达什干、沙鲁海牙、撒马尔罕等17个国家,终站为哈烈国,历时3年,行程3万里,写出这两本"百事通"。

忠贞爱国 这里的人们坚贞不屈,一心爱国。有舍身抗旨的欧阳珣,有"留取丹心照汗青"的文天祥,有"江西脖子最硬的人"胡铨,有至死不降、铁石忠心的杨邦乂……他们以天地为琴,以山川为弦,弹奏内心的孤独、坚贞与果敢。纵然伤痕累累,他们依旧保持伟岸的姿势,用鲜血书写出"尊严""良心"这四个大字,留给历史一个仰之弥高的悲情背影。

仁者爱民 位高权重、清廉恤民的宰相刘沆(995—1060年),他在古庐陵历史上创造了两个第一:宋代第一个宰相;宋代第一个在科举考试中进入前三的人,为殿试榜眼。此外,还有怀揣天良、为民请愿的周必大,"化被蛮陌"的欧阳守道,提倡节俭的杨士奇,"天下清官第一"的王言等。

四、民俗风情

赣江中游古老沃土孕育的庐陵民俗风情，既蕴含中华民族的传统文化基因，又融入了当地百姓的智慧、技艺与品德。它们烙刻着特色鲜明的文化记忆，是可以安放灵魂的家园。由于在岁月的长河里融合了中原文化与邻近的豫章文化、临川文化等，其呈现出厚重的历史感与别致的画面美，成为吸引四面八方游客的"磁力场"，也成为连通庐陵浩荡文脉的"脐带"。

盾牌舞 盾牌舞是一种集武术、杂技、舞蹈、音乐等于一体的综合性民间艺术，主要流行于永新县南乡，在当地有 400 多年历史。其风格特征可概括为："桩马落地稳如山，手舞脚动柔且刚。叉来盾挡套路明，刀叉闪亮声威壮。八个阵式变幻多，或攻或守章法强。拼杀一阵复一阵，人吼马嘶气势狂。"

永新盾牌舞

鲤鱼灯 吉安鲤鱼灯,是一种表演性的民间灯彩舞蹈。它由1只威武雄壮的鳌鱼灯做头,1只活泼调皮的青虾灯为尾,5只金丝鲤灯、4只(或10只)红鲤灯居中,共11只(或17只)灯组成。灯形美观,装饰艳丽,眼、腹、尾部装有灯珠,尤其适合夜间表演。

东固传统造像 东固传统造像是一项独具特色的融绘画、雕刻于一体的传统手工技艺。青原区东固畲族乡东溪村的刘节亮、刘节明、刘节旺三兄弟,就是这项传统技艺的代表性传承人。

这里还有多姿多彩的井冈山全堂狮灯,既有赤手空拳的武术套路,又有千奇百怪的武术器械,表演步法、手法和队形,变幻无穷,极具观赏和研究价值;也有被称为中国曲艺界"活化石"之称的永新小鼓;有亮相国际舞台、主要表现地方传统历史文化和民间风情习俗的新干剪纸;还有独具特色的中秋烧塔习俗。

五、文脉传承

庐陵沉淀的千古华章与皇皇文献,至今余蕴延绵。从南北朝至清代,史料记载的庐陵籍著述者有2577人,著述共计5717种;在《四库全书总目》中,著录庐陵人著述385种7175卷。《全宋词》共收录作者1397人,其中江西有174人,居全国第二;庐陵有52人,占江西的近三分之一。岁月的长河浩浩向前,这片风水宝地,其科举盛况至今让人传颂;其折射出的思想之光,照耀史册;诸如热爱庐陵、治理庐陵、歌颂庐陵的美好故事,仍然传唱不衰。

罗钦顺　明代著名唯物主义哲学家罗钦顺（1465—1547年）。他是张载"气本论"的忠实继承者，为后来著名唯物主义思想家王夫之的理论研究开辟了道路，促进了中国哲学由心学向实学的发展，为后人科学认识客观世界起到启迪和奠基的作用，丰富了唯物主义的哲学思想。

何心隐　明清思想解放运动的先驱何心隐（1517—1579年），他的社会改革思想，是几千年封建社会冻土中吐绽的一株绿芽，尽管娇嫩无比，却折射出不灭的人性微光。作为"天下为公"理想社会的探索者，他的不少观点对后世产生了深远的影响。

习溪桥　永新汤氏家族600多年来对习溪桥不弃不舍，护桥修桥。习溪桥的传说，让"讲诚信、有担当"在这片土地上蔚然成风。"阳明心学"创始人王阳明治理庐陵，如今，吉安人铭记他的功绩，特意命名城内一条东西走向的干道为阳明路。吉安城中，一条条古老街巷、一座座传统建筑、一个个文化公园，就像一卷卷档案，记录沧桑岁月，传递文化基因，镌刻永久记忆。庐陵文化，其实就是吉安的文脉。

庐陵文化生态园　庐陵文化生态园，重启文化之思。园中的文星塔，既反映了文风的昌盛，又体现了教育的发达；既展示了先贤的华美诗文，又展现了哲学思想；既介绍了崇文重教的传统，又赞誉了文节俱高的典范，向后人昭示不竭的精神力量。在这里，人们可以瞻仰庐陵文化千年之昌盛，感受庐陵科举成名、作家成宗、学家成派、仕宦成群、志者成仁的文化底蕴。

临川文化
LINCHUAN WENHUA

临川文化，指的是产生于古代抚州和建昌地区（简称抚建地区）的文化，是这里的人民共同创造的独具特色的地域性文化。它以今天抚州市驻地临川区为中心，覆盖抚州市所辖 13 县区。它历经数千年，底蕴深厚，是赣文化的重要支柱，是华夏文化的奇葩。

新石器时代，这里就有人居住，他们在长期的生产生活中创造了丰富的文明与文化。宋代的临川，文化繁荣昌盛，进入一个高峰期，这一时期出现了一大批在全国有很大影响的文学家、思想家、政治家：晏殊、晏幾道开北宋令词先河，王安石、曾巩为"唐宋八大家"中的两家，王安石位及宰相，他们的精神和思想影响至今。元代，临川文化虽不如宋代繁荣，但仍处全国先进行列，涌现了程钜夫、吴澄、虞集等杰出人物。至明代，这里再次迎来新的繁荣，出现了思想家罗汝芳、戏剧家汤显祖、军事家谭纶等，以建昌药帮、盱江医学为代表的医药文化进入了繁荣期，史学、书画艺术也达到了很高的水平。清代，在建昌地区出版了闻名全国的桐城派作家群的著作，持续时间长，影响大；金溪浒湾刊刻了大量典籍和小说戏曲，成为江南著名的刊刻之乡。时至今日，临川文化仍是一处底蕴深厚、内容丰富、发展强劲的地域文化。

乐安流坑村江都书院敕书楼

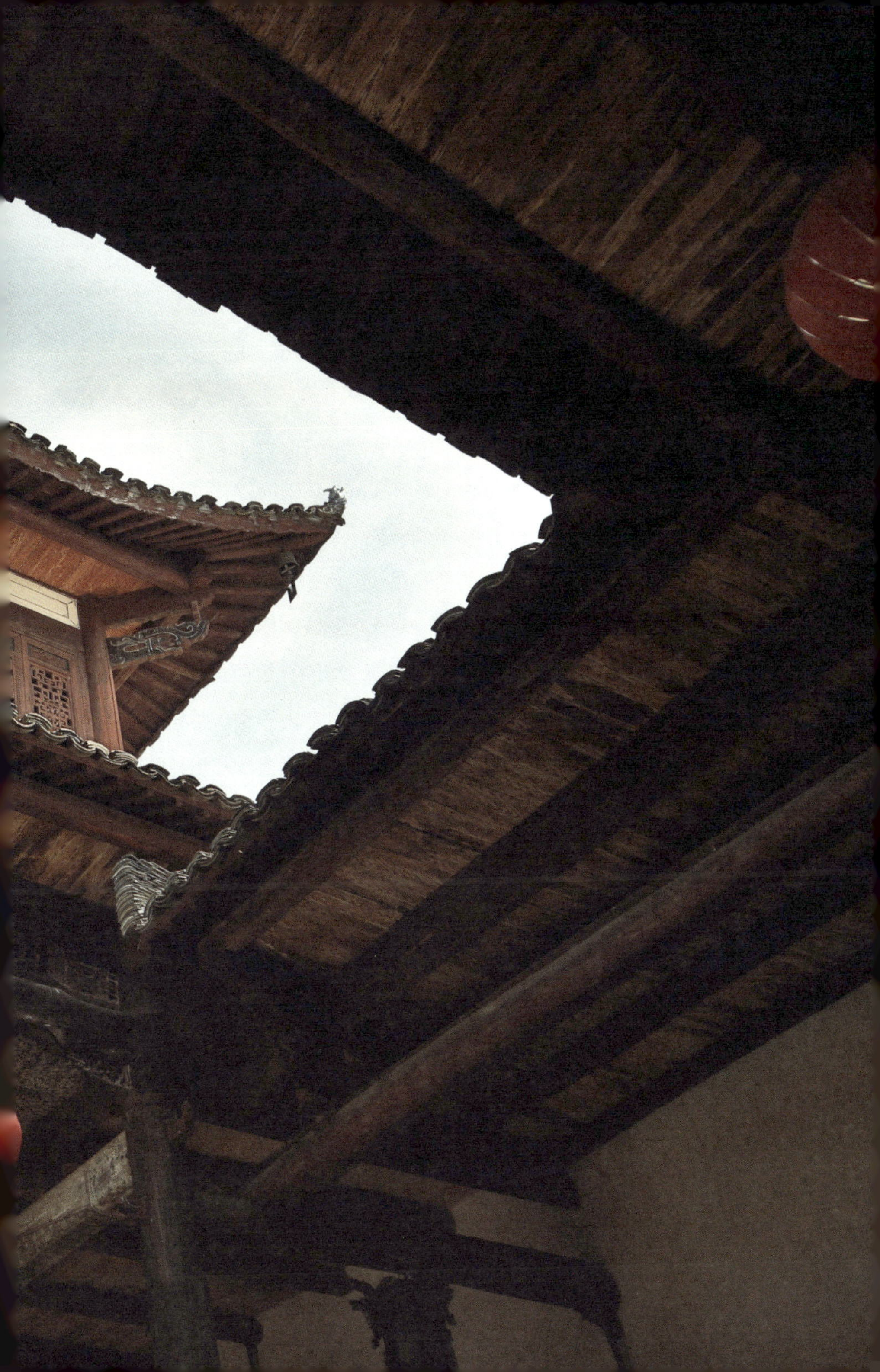

一、科甲教育

教育为百业之基，教育兴，百业旺。抚建地区尊师重教之风长盛，官学兴旺，书院繁荣，家庭教育严格，从而人才辈出。他们为政德能有声，从教桃李天下，经商取财有道，务农晴耕雨读，使这里成为著名的才子之乡。

抚建地区自古就重视读书，人们晴耕雨读，读书成为城市乡村的美丽风景线。从史料看，晋永和年间（345—356年），临川郡设立了学校。五代到宋仁宗时期，是抚州教育的低谷期，此后迎来了一个兴旺期。在宋代，抚建地区教育发达、人才涌现。明代抚州改称抚州府，学校也随之由州学改称府学。1901年，罢科举，兴学堂，抚州府学改为抚郡中学堂，即今天抚州一中前身。建昌官学，是初建于979年的军学。后随建制名称的改变，学校称号也相应改变，元称建昌路学，明清时称建昌府学。1902年，建昌府学改为建郡中学堂，即今天南城一中前身。抚州的教育长盛不衰，自古以来都是这里的响亮品牌。

书院是古代教育的重要形式，也是官学的重要补充。抚建地区的书院教育历千载不衰，闪耀于教育长河之中。唐代天祐年间（904—907年），罗坚、罗信于宜黄棠阴村创建湖山书院和三湾书院，开此地书院教育的先河。宋代是本区域教育的繁荣时期。宋代江西共有书院220所，居全国之首；而这里有40所，在江西甚至在全国范围内均居前列。元代时江西有书院94所，仍居全国之首；而这里有19所。明代朝廷曾禁书院，书院建设滞后，但这里仍有40所。到清代，这里的书院达60所，仍处于全国领先地位。书院影响着科举，进士家族也是抚建地区的一道亮丽风景,像曾巩这样兄弟同科的还有很多,父子、叔侄同科,一门数进士也屡见不鲜,一门三个进士及以上的家族有近百个。

在抚建地区,很多专家学者像罗汝芳一样,重视家庭教育,应时代之需提出自己的家庭教育内容与方法;也有很多家庭像陆氏家族一样,学习和传承家规、家道、家学及家风;还有很多家长像汤显祖一样,重视教育儿孙,培养品才兼优的家庭成员。由此,本区域产生了大批名门望族及优秀人才。他们的家规、家训、家风,今天仍对千万家庭有重要的参考价值。

二、思想之光

自宋以降,抚建地区思想家众多,在中国思想史上占有一席之地。其呈现出两个明显的特征:以李觏、王安石为代表的经世致用思想,以陆九渊、罗汝芳、李绂为代表的心学思想。他们的思想有深度,有广度,内容丰富,在当时与后世有重要地位与深远影响。

李觏 北宋时,南城县人李觏,虽是一介草民,当时皇帝却称他"通于经术,东南士人,推以为冠"。他是江西学派的一个极重要的代表,是王安石的先导,是两宋哲学的开山鼻祖。

王安石 临川县人,1042年,22岁就考中进士,被授淮南节度判官。从地方到中央,他历经多地多岗位的历练,既干出了业绩,也增长了才干;对社会有了更加广泛的了解,认识也更加深刻。他看到了国家的贫困与军事的落后,也看到许多深层次的社会问题亟待解决。1069年2月,

宋神宗任命王安石为参知政事，主持变法。次年，升同中书门下平章事，在全国范围内推行新法，史称熙宁变法或王安石变法。王安石变法主要在经济、教育、军事、农业等方面，效果明显。

陆九渊 南宋时，金溪县人陆九渊，13岁在古书中读到"四方上下曰宇，往古来今曰宙"，忽然省悟到，人与天地万物都在无穷之中，于是提笔写下："宇宙内事乃己分内事，己分内事乃宇宙内事。"陆九渊的思想源于孟子，经明代王阳明的发展，形成一个完整的思想体系，人称"陆王心学"，对明清两代思想的发展产生了重要的影响。

抚建地区产生了曾巩、王安石家族等许多名门望族、文化世家，形成了以家

佚名《王安石像》（明）

庭或家族为主体的才子群落。他们在不同的领域、不同的历史时期取得了辉煌的成绩，为社会发展做出了重要贡献，光照后世。他们的成功经验也值得后世学习。

抚建地区还有在文学方面成就突出的黎川陈、鲁家族，医药世家南城谢星焕家族等。他们以世代之功，不断积累、传承家族精神，传递思想之光。

三、才子之乡

抚建地区人文鼎盛，多以文章致大名，涌现了一大批文学大家，如曾巩、王安石、虞集、汤显祖、吴嵩梁、陈用光等等。他们创作出许许多多优秀的盛传不衰的文学作品，众体皆备，思想内容与表现形式完美结合，是中国文学的重要组成部分。

二晏 北宋临川县人晏殊（991—1055年，字同叔）与其第七子晏幾道（1030—1106年，字叔原，号小山），在北宋词坛上被称为"大晏"和"小晏"，合称"二晏"。晏殊虽贵为宰相，但更为出名的是他的词。晏殊的词吸收了南唐"花间派"和冯延巳的典雅明丽词风，珠圆玉润，风流蕴藉，是宋初词坛的杰出代表。晏幾道则长于小令，词风哀婉缠绵，情感真挚。

曾巩 北宋南丰县人曾巩，从小聪明好学，出口成诵，年十二能文。青年时，他得到了欧阳修的赏识。曾巩散文成就斐然，名列"唐宋八大家"之中。他的散文行文规范，质量高、影响大，

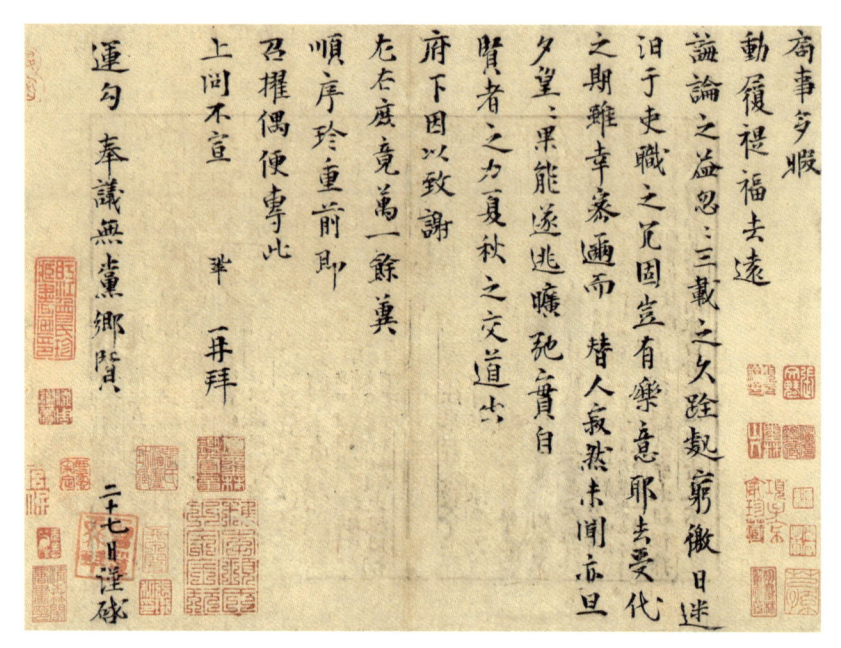

曾巩《局事帖》（北宋）

受到当时及后世的推崇。

汤显祖　明代剧作家汤显祖是临川人，他被称为"东方的莎士比亚"，他创作的《牡丹亭》《紫钗记》《南柯记》《邯郸记》等戏剧享誉世界。其中，《牡丹亭》代表了汤显祖的最高成就，是我国戏曲史上的一部浪漫主义杰作。

建昌作家群　又称"桐城古文派"，活跃于文坛200多年。桐城派作家中，许多人既能文，也能诗，甚至诗比文更佳更闻名。桐城派奉曾巩的文章为圭臬，受他的文学思想影响很深。曾巩为文重道、讲究义理、文法典雅明洁的特点，受到了他们的推崇与效法。时至清代，这块受到曾巩等先贤人文精神浸润的土地，又在桐城派的影响下，出现了一批重要作家。他们有着鲜明的师承关系，有着明显的地域特征，甚至形成家族式的作家群落。较为突出的有新城县（今黎川县）的陈家、鲁家，南丰县的吴家、刘家和南城县的吴氏兄弟。清代建昌府文学的另一个亮点是以曾燠为代表的曾燠幕府作家群。他们和桐城古文派一样，创作出了大量高质量的作品，为清代文学添砖加瓦。曾燠幕府作家群的代表主要有曾燠、吴嵩梁、乐钧等。

四、医药相济

汉时华子期等人在南城县麻姑山炼丹，开启了该区域的制药业。此后在南城县及周边不断发展、繁荣，形成了著名的建昌药帮。医药相济，该区域的医学也得到发展，医家辈出，形成了著名的盱江医学流派。今天，丰富的医药文化正得到弘扬，必将再焕重彩。

建昌药帮　相传，麻姑食用茯苓后飞升成仙。麻姑是神话中的人物，她赋予南城药业以仙气和灵气。然而更多的是道士大德们慕名前来麻姑山炼丹药，如秦汉时期的华子期、晋时的葛玄与葛洪等，他们开启了南城药业发展之路。汉时，药业已在南城大地上播下种子。明清时期的建昌府，辖南城、南丰、广昌、新城、泸溪县，发祥、发展与繁荣于此的药帮，称为建昌药帮。

建昌药师　药为医之本，治病救人，既要有精湛的医术，还要有精良的药材。建昌药帮以药的炮制技术独特、药效高而著名。建昌药帮与众不同之处在于它的切制工具、炮制辅料、炮制工艺和经营方式的独特，数百年来博得群众的高度信赖与称赞。

盱江医学 抚建地区有兴旺的盱江医学，名医辈出，德技双馨。盱江发源于广昌县，为今抚河上游，主要流经今抚州市境内，称盱江流域。域内素有"名医之乡"的美誉，自古以来名医辈出，成为一个独具地域特色的医学群体，著名医史学家杨卓寅将之命名为"盱江医学"。它是我国一个重要的医学流派，与新安医学、孟河医学、岭南医学齐名。江西历史上的十大名医中，该区域有7人，分别是陈自明、危亦林、龚廷贤、龚居中、李梴、黄宫绣、谢星焕。域内医家们注重技与德双修，既有高超的治病技艺，又有高尚的医德，德技双馨，流芳后世。

五、古村民俗

抚建地区的先民们创造了灿烂的文明，至今还保留着的许多遗迹遗存，是古代文明的见证，也是区域文化的重要缩影。截至2023年，这里有世界灌溉工程遗产1处（千金陂）、全国重点文物保护单位16处（流坑村古建筑群，龙图学士和刺史传芳牌楼门，中央苏区第四次"反围剿"战役遗址，宝山金银矿冶遗址，浒湾书坊建筑群，白舍窑遗址，明益藩王墓地，万年桥和聚星塔，谭纶墓，锅底山遗址，大司马牌坊，棠阴古建筑群，抚州玉隆万寿宫，湖坊中共闽赣省委、省革委会、省军区旧址，驿前石屋里民宅，奎壁联辉民宅）、中国历史文化名镇名村10个（广昌驿前镇、金溪浒湾镇、乐安流坑村、金溪竹桥村、金溪曾家村、金溪游垫村、金溪全坊村、金溪疏口村、金溪岐山村、乐安湖坪村）、中国

乐安流坑村古街

传统村落135个。

世界遗产千金陂 2019年9月4日,在印度尼西亚登巴萨市召开的第三届世界灌溉论坛暨国际灌排委员会第70届国际执行理事会传来喜讯,抚州市千金陂成功入选第六批世界灌溉工程遗产名录。千金陂走过千余年风雨历程,承载着灌溉、通航、防洪和护城的功能,是人类智慧的结晶,谱写了人与自然顽强抗争的诗篇,也是古代治水的见证。

流坑与传统村落 流坑古村位于乐安县西南部,距乐安县城37千米。自南唐始,这里为董氏聚居地,历时千余年,今天仍以董姓为主体。流坑村四面青山相环,乌江东流西转而接村中龙湖之水,村中古木参天、绿树成荫,主体格局依然完整如旧。村中现有明清古建筑及遗址260余处,面积近7万平方米。其中明代建筑、遗址19处,还有重要建筑组群18处、书院等文化建筑14处、牌坊5座、宗祠庙宇58处。另有古水井、风雨亭、码头、古桥等32处。数以百计的屋宇,堂上有匾,门旁有联,门头、墙壁上刻有不少题榜、名额,有近700处。它们承载着流坑最原始、最鲜活的历史文化,令人肃然起敬。流坑是抚州古村的杰出代表,抚州境内还有许多古村落,尤以金溪县居多。

丰富的"非遗"项目 截至2023年,抚州有国家级"非遗"项目7项,即南丰跳傩、乐安傩舞、宜黄禾杠舞、黎川舞白狮、广昌孟戏、宜黄戏、抚州采茶戏;有省级"非遗"49项、市级"非遗"86项、县级"非遗"172项。全市致力于对"非遗"的保护、传承与利用,取得了成效。

傩是宗教、民俗和艺术的融合体,起源于先民的自然崇拜、图腾崇拜和巫意识。它始于汉初,传承至今,被誉为"中国古代舞蹈活化石"。南丰跳傩节目丰富,南丰县上甘村傩神殿内的傩面具文化内涵深厚。这

广昌孟戏演出

里流传有 110 多个傩舞节目、180 多种面具，傩乐、傩歌、赞词、传说等富有故事性。由此，南丰县被命名为"中国民间艺术之乡（傩舞艺术）"。全县有傩班 110 多个，常表演的傩舞节目 70 多个，民间艺人 2000 多名。

孟戏被列入国家级非物质遗产名录，是广昌县甘竹镇特有的剧种，因演唱孟姜女的故事而得名。所唱声腔为高腔，流传于广昌及周边县，称盱河高腔。孟戏以宗族戏班为主，每年正月演出，用于宗族的酬神祭祖活动。

抚州自古不乏能工巧匠，其技艺精湛，还有一批优秀的传统技艺被列为江西省级"非遗"保护项目，如广昌白莲生产技艺、金溪藕丝糖生产技艺、金溪雕版印刷传统技艺、南城麻姑酒酿造技艺、南丰蜜橘栽培技艺、宜黄棠阴夏布制作技艺、临川篾编技艺等。

图书在版编目（CIP）数据

江西文化符号精粹/《江西文化符号精粹》编委会编.-- 南昌：江西美术出版社，2024.3
 ISBN 978-7-5480-9259-9

Ⅰ.①江… Ⅱ.①江… Ⅲ.①地方文化－江西
Ⅳ.① G127.56

中国国家版本馆 CIP 数据核字 (2023) 第 2207124 号

出 品 人　刘　芳
项目统筹　方　姝
责任编辑　叶　启
责任印制　吴文龙　毛　翔
书籍设计　梅家强　林思同　韩　超　　先锋設計
支持单位　江西画报社

江西文化符号精粹
JIANGXI WENHUA FUHAO JINGCUI

编　者：《江西文化符号精粹》编委会
出　版：江西美术出版社
地　址：南昌市子安路 66 号
邮　编：330025
电　话：0791-86565819
网　址：www.jxfinearts.com
经　销：全国新华书店
印　刷：湖北金港彩印有限公司
版　次：2024 年 3 月第 1 版
印　次：2024 年 3 月第 1 次印刷
开　本：889mm×1194mm　1/32
印　张：11.375
字　数：200 千字
ISBN978-7-5480-9259-9
定　价：88.00 元

本书所附二维码为"江西文化符号丛书"24 册有声书、电子书，便于读者详细了解各种文化的内容。

本书由江西美术出版社出版。未经出版社书面许可，任何人不得以任何方式抄袭、复制或节录本书的任何部分。（版权所有，侵权必究）

本书法律顾问：江西豫章律师事务所　晏辉律师